Als Alain-Xavier Wurst von Paris ins kühle Hamburg zog, erlitt er einen Kulturschock. Das Spiel des Flirtens mit den deutschen Demoiselles gestaltete sich schwieriger als gedacht, sodass er sich schon bald fragte: Warum funktioniert diesseits des Rheins nicht, was jenseits des Rheins so erfolgreich ist? Warum verwechseln die deutschen Frauen eine gewisse Leichtigkeit im Umgang mit dem anderen Geschlecht offenbar mit Leichtsinnigkeit? Anhand eigener Erlebnisse, persönlicher Beobachtungen und vieler, vieler Gespräche mit deutschen Frauen und Männern seziert der Franzose in seinem Buch die Flirtkultur der Deutschen – und erzählt außerdem, ob er auf der Suche nach der deutsch-französischen Liebe fündig geworden ist.

Alain-Xavier Wurst, geboren 1969 in Paris, ist Journalist. Zwischen 2007 und 2008 war er bei ZEIT ONLINE zuständig für Außenpolitik. Für seinen Blog über den französischen Präsidentschaftswahlkampf wurde er 2007 für den deutsch-französischen Journalistenpreis nominiert. In Frankreich sind von ihm bereits Sachbücher über Whiskey, Wein, Fußball und Archäologie erschienen.

Alain-Xavier Wurst

Zur Sache, Chérie

Ein Franzose verzweifelt
an den deutschen Frauen

Rowohlt Taschenbuch Verlag

3. Auflage August 2011

Originalausgabe
Veröffentlicht im Rowohlt Taschenbuch Verlag,
Reinbek bei Hamburg, Dezember 2010
Copyright © 2010 by Rowohlt Verlag GmbH,
Reinbek bei Hamburg
Umschlaggestaltung ZERO Werbeagentur, München
(Illustration: © FinePic, München)
Satz Quadraat PostScript, InDesign,
bei Pinkuin Satz und Datentechnik, Berlin
Druck und Bindung Druckerei C. H. Beck, Nördlingen
Printed in Germany
ISBN 978 3 499 62614 2

Inhalt

«Männer sind ... – und Frauen auch,
überleg dir das mal.»

Loriot

Prolog

*D*eutschland schrumpft. Das ist eine bittere Feststellung, aber so ist es. Die Deutschen pflanzen sich ungenügend fort. Das Statistische Bundesamt hat in einem besorgniserregenden Bericht prognostiziert, dass 2060 nur noch 70 Millionen Menschen in Deutschland leben werden statt 82 Millionen heute.

Das wundert mich nicht.

Deutschland. Auch bekannt unter dem Namen «Land der Dichter und der Philosophen», wie die Schriftstellerin Madame de Staël vor zweihundert Jahren treffend verzeichnete. Anfang des neunzehnten Jahrhunderts bereiste sie das Land von Goethe, Schiller und Kant. Die Baronin schwärmte von der Zuneigung der Deutschen zum Idealen und bewunderte den deutschen Geist, der sich für die Tiefe ereiferte, dort wo der Franzose sich mit Oberflächlichkeit begnügte. In ihrem berühmten Buch *De l'Allemagne* schrieb sie: «Deutschland ist die Heimat des Denkens.»

Wie wahr.

Leider aber auch der Besucherritze.

Letzteres ist zu meinem Erstaunen der Baronin entgangen. Dabei ist es von größtem Übel. Deutschland, «Land des Denkens und der Besucherritze», wäre jedenfalls richtiger gewesen. Zumal es einen eindeutigen Zusammenhang zwischen dem Denken und der Besucherritze gibt. Da ein Bett aus zwei Matratzen besteht, getrennt durch eine Besucherritze, bleibt einem nichts anderes übrig, als in seinem Bett zu denken und dann einzuschlafen. Von jeglichen anderen Aktivitäten muss man sich verabschieden.

Wie, zum Beispiel, Sex.

Diese Beobachtung sollte eigentlich schon die Erklärung dafür liefern, warum die Demographie hierzulande einem negativen Trend folgt. Gleichwohl, das erfahren wir aus vielerlei Quellen, haben die Deutschen Sex. Eine überaus erfreuliche Nachricht. Indes, wie lässt sich das Paradox auflösen, dass Deutschland trotz Sex schrumpft?

Das Problem entsteht früher, werte Leserinnen und Leser. Viel früher. Was tun ein Mann und eine Frau, wenn sie sich kennenlernen? Genau. Sie flirten. Die Liebe, der Sex, die Babys, die man auf die Welt bringt – alles hat eines Tages mit dem Flirten begonnen. Am Anfang war das Flirten. Deutschland schrumpft, weil zu wenig geflirtet wird in diesem Land. *Voilà*, die wahre Erklärung. Damit wären wir auch beim Hauptthema dieses Buches angelangt: das Flirten.

Genauer gesagt: das Flirten mit der deutschen Frau.

Und da habe ich verstanden, warum Deutschland schrumpft.

Die deutsche Frau ist wunderbar. Sie könnte perfekt sein. Wenn sie nur wüsste, wie man flirtet. Und dass man flirten darf. Und dass man flirten soll. Und dass man flirten muss. Würde die deutsche Frau beim Spiel des Flirtens mitmachen, würde ich Deutschland sofort zum Paradies erklären. Man stelle sich vor: Ein Land, wo die Renten sicher und die Frauen sexy sind! Ein Traum.

Einmal herrschten in Deutschland schon paradiesische Zustände – zur Zeit des Sommermärchens, als die Fußball-Weltmeisterschaft in Deutschland stattfand. Die Welt war zu Gast bei Freunden und Freundinnen, die Sonne schien, eine Wolke von Oxytocin zog über das ganze Land und schüttete pausenlos Lust und Liebe über den Menschen aus. Jeder sprach den anderen an, alle wollten nach Berlin fahren, die deutschen Ladys flirteten mit den Jungs und vergaßen eine Stunde später, wen sie gerade geküsst hatten.

War das toll.

Dieser Ausnahmezustand dauerte einen Monat. Danach kehrte die Realität zurück, die Welt fuhr wieder nach Hause, die Wolken über Deutschland schütteten nur noch Regen aus, niemand sprach in den Straßen niemand mehr an, und die deutschen Frauen vergaßen nicht nur, wen sie küssten, sondern auch das Flirten.

Bringen wir es auf den Punkt: Der Franzose, der sich in Deutschland auf die Suche nach der deutschen Liebe macht, erlebt einen Kulturschock. Einen *Clash of civilisation*. Als Antwort auf meinen anzüglichen Humor verdrehen die deutschen Demoiselles die Augen, meine Komplimente gleiten an ihnen ab. Will ich sie auf die Wange küssen, gucken sie mich an, als wäre ich ein Lustmolch. Will ich die Rechnung im Restaurant zahlen, tun sie, als wollte ich mir ihre sexuelle Leistung erkaufen. Will ich sie nach Hause bringen, gelte ich als potenzieller Psychopath.

Welch rätselhafte Flirtkultur, dachte ich mir. Die Deutschen flirten sehr subtil, das hatte die Band Wir sind Helden mit «Aurélie» schon frühzeitig erkannt. Allerdings so subtil, dass der Franzose nichts mehr kapiert. Alles, was er in Frankreich gelernt und angewendet hat, die Galanterie, das Hofieren, das Spiel des Verführens, wird hier als böses Mittel interpretiert, das nur dazu dienen soll, die Frau ins Bett zu kriegen.

Natürlich nur dazu. Was ist falsch daran?

Nachdem die erste Zeit des Erstaunens vorbei war, gab es für mich zwei Alternativen: Entweder fahre ich nach Paris zurück und erkläre die deutsche Frau zum hoffnungslosen Fall. Oder ich versuche herauszufinden, was hier los ist. Das Erste klang nach Niederlage, das Zweite nach Herausforderung.

Ich entschied mich für die Herausforderung. Den Sonnenuntergang mit Juliane am Bodensee anschauen, mit Josefine durch die Berliner Clubs ziehen, mit Barbara den Kölner Dom besuchen, mit Kerstin an die Ostsee, mit Sabine auf das Oktoberfest, mit Anna ins Elbtal – all diese Begegnungen im Dienst der Wissenschaft, um lediglich die Frage zu beantworten: Was will die deutsche Frau?

Die Erfahrungen habe ich am eigenen Leib gemacht, getreu dem französischen Motto *C'est en forgeant que l'on devient forgeron* – Übung macht den Meister. Misserfolge, Fauxpas, Peinlichkeiten, nichts blieb mir erspart. Die Ergebnisse meiner Feldforschung habe ich in diesem Buch sorgfältig niedergeschrieben. Von meinem ersten Schritt bis zur Tür des Schlafzimmers – ich habe stets versucht, einige Situationen aus meiner deutschen Vita so treu wie möglich darzustellen. Damit die Wahrheit über die deutsche Frau endlich ans Licht kommt. Die ganze Wahrheit, und nichts als die Wahrheit.

Bevor wir aber zum Kern der Sache dringen, erlauben Sie mir eine letzte Bemerkung in Form eines Zitats: «Ich habe die üble Gewohnheit, meine Beobachtungen sofort zu verallgemeinern; das kommt von dem Stolz auf eine wichtige Beobachtung und von der Trägheit, denn es ist viel leichter, mit Hilfe dieses ‹irgendein› oder ‹im Allgemeinen› eine Beobachtung zu verallgemeinern, als sorgfältig nachzuprüfen, ob man wirklich sehr oft Gelegenheit hat, diese zu machen.»

Dies schrieb der französische Schriftsteller Stendhal in seinem *Tagebuch in Braunschweig*, welcher zwischen 1806 und 1808, während des napoleonischen Feldzugs, nach Braunschweig geschickt wurde. Stendhal, der eigentlich Henri Beyle hieß, hat sich den Namen der Stadt Stendal in Sachsen-Anhalt als Pseudonym ausgesucht, weil er den Archäologen und Kunsthistoriker

Johann Joachim Winckelmann verehrte, der in Stendal geboren wurde. Um sein Pseudonym noch zusätzlich zu germanisieren, fügte Stendhal ein «h» hinzu.

Ein Franzose, der ein deutsches Pseudonym wählte und *De l'Amour* schrieb – ich kann mir kein besseres Vorbild vorstellen. Umso mehr darf ich mir dieses Zitat zuschreiben, das wie die Faust aufs Auge für mein Buch passt.

Nun lassen Sie uns gemeinsam das Paradies *made in Germany* gestalten, werte Leserinnen und Leser. Diesmal, ausnahmsweise, mit französischer Technik. Es geht hier um Technologietransfer. Seien Sie unbesorgt: Wenn es um Liebe geht, streikt der Franzose nie. Mit deutschen Frauen und französischer Flirtkultur werden wir den Beweis erbringen, dass auch das Statistische Bundesamt sich irren kann.

Die deutsch-französische Freundschaft ist sowieso tot. Es lebe die deutsch-französische Liebe.

Au revoir Paris,
bonjour Hambourg

*S*ommer 1992, an einem französischen Strand an der Atlantikküste.

Eine blonde Demoiselle im weißen Bikini liegt allein auf ihrem Badehandtuch, samt Buch, Tasche und Flasche Mineralwasser. Sie speichert Sonne womöglich für das ganze Jahr und lässt sich den Rücken bräunen. Der langsam rot wird. Immerhin hat sie einen Hut, der ihren Kopf schützt und ihrem Gesicht etwas Schatten spendet.

Jef und ich kennen uns seit der Schule und sind enge Freunde. Wir sind Anfang zwanzig und verbringen unseren Urlaub am Meer. Mit Sturm und Drang jagen wir die Schönheiten, die sich am Strand dehnen. Die blonden Ausländerinnen sind unsere Lieblingsbeute. Sprich, hauptsächlich Holländerinnen, Schwedinnen und Deutsche. Man könnte denken, die Hürden der Sprache hinderten uns daran, Kontakt aufzunehmen. Mitnichten. Sie ermöglichen im Gegenteil alle Missverständnisse, welche das Anbaggern vereinfachen. Ein gebrochenes Englisch mit französischem Akzent, begleitet von vielen Gesten und Gesichtsausdrücken, ist eine sehr erfolgreiche Eintrittskarte, um mit ausländischen Demoiselles ins Gespräch zu kommen.

Die unbekannte Sylphide bemerken wir sofort. Sie ist ungefähr in unserem Alter.

«Mademoiselle?»

Mademoiselle dreht sich um. Oh, la, la! Der Fang des Tages. Eine wahre Beauty sitzt uns gegenüber, die wir offensichtlich aus ihrem Halbschlaf geweckt haben.

«Vous êtes toute rouge dans le dos – Ihr Rücken ist ganz schön rot.»

In ihrem Fall stimmt es. Wir haben natürlich Creme dabei. Den Trick haben wir schon fünfzigmal geübt, und die Dame hat es bestimmt schon hundertmal gehört.

Sie zeigt mit eindeutiger Körpersprache, dass sie uns nicht versteht.

«You spik änglisch?», fragen wir in möglichst schlechtem Englisch. Der Franzose muss sich dafür nicht mal verstellen.

«Yes.»

«Whäre are you ... euh ... coming fromm?»

«Germany.»

«Ah! Dötschland! Euh ... wir spräschön ein bischön dötsch! Gutön Tak!»

Wie gut, dass wir Deutsch in der Schule gelernt haben. Eine kleine Rechnung zeigt, wie effizient wir sind: Von der siebten Klasse bis zum Abitur sind es fünf Jahre. In einem französischen Schuljahr gibt es ungefähr zweiunddreißig Wochen. Pro Woche hatten wir drei Stunden Deutschunterricht. Pro Stunde sprachen wir höchstens zwei Minuten aktiv deutsch. Pro Jahr haben wir also drei Stunden und zwölf Minuten gesprochen. Auf fünf Jahren hochgerechnet sind das sechzehn Stunden. Anders gesagt: null. Dafür sind wir aber im Fachbereich Körpersprache zweisprachig.

Die junge Dame scheint ihrerseits der französischen Sprache auch nicht besonders mächtig zu sein.

«Je ne parle pas français», sagt sie.

«C'est pas grave! – Das ist nicht schlimm!», antworten wir. «Du bringst uns Dötsch bei, wir dir Französisch! Tu t'appelles comment? – Wie heißt du?»

«Franziska.»

«Francesca?!»

«No! Franziska!», und betont dabei das «zis».

«Ah, Franzoseschka?!»

Sie guckt uns von unten an. Sie findet uns schon amüsant, aber sie hätte gern ihre Ruhe, das ist spürbar. Wir labern sie trotzdem weiter an, in einer komischen Mischung aus Französisch, Englisch und Deutsch.

«Dein Rückön sehr rot! Wir cremön dir! «

«*Non, non!*», antwortet die Demoiselle. «I've sun lotion – ich habe Creme.» Sie sucht die Creme in ihrer Tasche. Wir knien uns jetzt neben sie, Jef links, ich rechts von ihr. Wir tragen beide Sonnenbrillen und sehen wie Mafiosi-Azubis aus.

Sie holt die Creme hervor, wie eine Trophäe. Sonnenschutz 12.

«Du brauchst aber französische Creme für französische Sonne!»

Sie macht einen Gesichtsausdruck, den ich erst in fünfzehn Jahren identifizieren werde. Nämlich: «Häh?» Zu diesem unsäglichen «Häh» werde ich mich später äußern. Kehren wir erst mal zurück in die frühen Neunziger.

«Yes, very good lotion», sagt sie. Als ob uns die Sonnencreme interessieren würde.

Ihr Tonfall ist nicht wirklich einladend. Sie lächelt nur halbherzig. Um uns abzukühlen, müsste sie sich jedoch mehr bemühen, so einfach lassen wir unser Jagdobjekt nicht entkommen.

Jef steigert das Spiel und deutet auf ihr Dekolleté.

«Oh, la, la! *Et ici aussi!* – Und hier auch!» An dieser Stelle ist sie weiß wie Schnee.

«Very dangerous!», sage ich. «You need help! Don't worry, we are professionals!»

«I will do it myself.»

Denkt sie wirklich, wir würden ihre Brust anfassen, einfach so?

Franziska findet unsere kleine Szene nicht mehr so lustig. Sie guckt nach rechts und nach links und fühlt sich offensichtlich von diesen zwei aufdringlichen Franzosen belästigt.

«Do you want to drink something with us?» Jef weist auf die kleine Hütte am Strand. «A coca-cola?! With lemon and ice?!»

«And a good crêpe!», füge ich hinzu. «Crêpe schmäckt gutt!»

«Thank you.» Sie zeigt ihre Mineralwasserflasche.

Bon. Franziska macht nicht mit, trotz unseres ganzen Guignol-Theaters. Dann halt Pech für sie. Es gibt viel zu viele Demoiselles an diesem Strand, die auf unser Eincremen warten, als dass wir mit dieser Walküre unsere Zeit verschwenden. Wir geben Franziska eine letzte Chance und weisen abermals auf die kleine Hütte: «Okay! We will be there at seven o'clock, if you want to join us. Salut!»

Wir warten heute noch auf Franziska. Einen Tag nach dieser Szene sind wir zwei blonden Schwedinnen begegnet. Vielleicht lag es daran, dass sie auch zu zweit waren? Auf jeden Fall haben wir uns den Rücken gegenseitig eingecremt, und sie lachten über unsere Duo-Nummer. Jef war im Vorteil, er konnte Gitarre spielen – der Klassiker. Aber Klassiker funktionieren immer gut. Sonst wären sie ja keine Klassiker. Rachel schrieb ihren Namen auf meine Haut, als ich sie fragte, wie sie hieß. Rachel und Jessica. Jef hat mit Jessica noch lange Zeit korrespondiert.

Nicht alle Blonden sind gleich.

Ich werde Franziska nie vergessen. Sie war meine erste Erfahrung mit einer deutschen Frau. Nein, eigentlich die zweite. Es gab bereits ein Fräulein vor ihr, noch schöner, dafür genauso humorlos: Claudia Schiffer.

Für die Franzosen meiner Generation war Claudi[
zehn Jahre lang der Inbegriff der Versuchung. Als ich
war, bin ich ihr täglich in den Straßen von Paris bege
stand in Übergröße auf jedem zweiten Werbeplakat d
und jede Woche posierte sie auf dem Cover eines französischen
Frauenmagazins.

Sie repräsentierte die deutsche Frau schlechthin, indem sie
alle Klischees erfüllte, welche wir in Frankreich von den deutschen Frauen haben: groß, blond, schön. Würde man eine Um-
frage unter Franzosen machen, welche deutsche Frau sie spontan nennen könnten, wäre es sicherlich Claudia Schiffer.

Claudia Schiffer verdankt ihren Erfolg allerdings nicht nur
ihrer Schönheit, sondern auch ihrer Ähnlichkeit mit Brigitte
Bardot. Damit hören die Gemeinsamkeiten aber auch schon
auf. Claudia Schiffer blieb immer nur eine Erscheinung auf
Hochglanzpapier, gewissermaßen abstrakt. Sie war zwar eine
perfekte Plastik, wirkte aber kühl und reserviert. Ihr fehlten im
Unterschied zur Bardot die Lebendigkeit und das Verführeri-
sche, welche die Schönheit ins Umwerfende verwandeln. Mit
diesen Eigenschaften bestätigte sie auch ein weiteres Klischee
der Franzosen über die deutschen Blondinen: schön und diszi-
pliniert. Und null Sex-Appeal.

Die Presse berichtete kaum über Claudia Schiffers Liebesleben – ob sie überhaupt Affären hatte? Der Terminkalender
eines Topmodels lässt ja bekanntermaßen wenig Freiraum fürs
Private. Eines Tages erfuhr man, dass sie mit dem amerikanischen Zauberer David Copperfield liiert war. David Copperfield war eine Art Siegfried und Roy in einer Person, nur ohne
Tiger. Die komische Paarung war weit von dem entfernt, was
die Öffentlichkeit an Phantasien über ein Supermodel hegt. Als
ob Brigitte Bardot mit Eduard Zimmermann geflirtet hätte. Es

erwies sich später tatsächlich als PR-Coup, was die ganze Sache recht peinlich machte.

Dagegen war die Liaison von Brigitte Bardot und Gunter Sachs eine legendäre Geschichte, ein romantisches Abenteuer. Legendär ist vor allem die Art und Weise, wie unser Freund Gunter die schöne Brigitte verführte. Aus einem Hubschrauber streute er Hunderte von roten Rosen auf die Madrague, Bardots Villa an der Côte d'Azur. Liebeserklärung im großen Stil. Und zu diesem Zeitpunkt waren sie bereits verheiratet! Aber wer glaubt, man bräuchte seine Frau nicht mehr zu erobern, nur weil man sie geheiratet hat, wird eines Tages böse Überraschungen erleben.

Das Leben von Gunter Sachs beweist, dass auch deutsche Männer Don Juans sein können. Wobei Gunter Sachs ein Komet im männlichen deutschen Himmel war. Nach ihm gab es niemanden dieses Kalibers mehr – nur noch Schlagerkönige von Mallorca. Die deutschen Männer haben inzwischen offenbar verlernt, wie man Frauen verführt. Heute leiden sie unter akutem Werther-Syndrom oder pflegen ein Arschlochdasein. Mit dieser Problematik werden wir uns später ausführlich beschäftigen.

Kaum war der Stern von Claudia Schiffer am Erblassen, rollte schon die zweite Welle der deutschen Blondinen auf Frankreich zu: Heidi Klum, die Mitte der Neunziger Furore machte. Ihre Karriere als Model dauerte nicht so lang wie jene ihrer Vorgängerin, doch hielt sie sich sorgfältig an das Klischee der blonden deutschen Schönheit. Solange die Deutschen uns ihre Topmodels schicken, damit diese in Paris defilieren, sind sie herzlich willkommen. Schifferland und Klumland, bitte erobert uns. Lenaland auch.

Was interessieren mich eigentlich die deutschen Frauen?,

könnte man fragen. Gibt es nicht genug schöne Französinnen? O ja. In der Tat. Aber ich wollte ethnologische Erfahrungen machen und etwas Neues sehen. Nachprüfen, ob alle deutschen Frauen blond und humorlos sind. Und letztlich hat dieses Interesse auch etwas mit dem Namen Wurst zu tun. Wurst ist mein Name. Nein, das ist kein Pseudonym. Ja, ich weiß. Wie kam es zu diesem Desaster?

Meine Großeltern väterlicherseits waren Deutsche. Sie stammten aus Schlesien und hatten sich nach dem Krieg in Düsseldorf niedergelassen. Sie erzählten uns immer, meinem kleinen Bruder und mir, von der Heimat. Von der Heimat gab es ein schwarz-weißes Foto in der Küche. Hügelige, ruhige Landschaft mit viel Wald. Haben wir aber auch in Frankreich, dachten wir, und unsere Berge waren sogar höher. Was war da so besonders? Mit zehn versteht man nicht alles.

Ihr Sohn, mein Vater, wanderte wiederum später nach Paris aus. So begann die ganze Geschichte, *ceci explique cela*. Anfang der achtziger Jahre, als wir zwischen acht und zwölf waren, verbrachten mein Bruder und ich jeden Sommer drei Wochen in Deutschland. Wir kamen bei unseren Großeltern in Düsseldorf an, unser Opa holte den Opel Ascona 12 aus der Garage, und wir fuhren ins Sauerland – das Land der tausend Berge. Ob es eine Reminiszenz an die Heimat war? Wir haben Malefix, Mensch-ärger-dich-nicht und Minigolf gespielt. Die US-Kampfjets flogen ganz niedrig, der Lärm war unfassbar laut, aber wir fanden es verdammt cool. In Paris flogen ja keine Kampfjets. Wir waren drei Wochen lang im Zentrum der deutschen Spießigkeit, und es waren wunderbare Ferien dank unseren Großeltern, die für ihre zwei französischen Enkelkinder alles getan hätten.

Abgesehen davon, wussten wir von Deutschland nichts.

Zwanzig Jahre später dachte ich mir, es wäre Zeit, dieses Land besser kennenzulernen, das mir so fremd war und doch so nah. Bevor ich mich verabschiedete, traf ich mich mit meinen engsten Freunden in meinem Pariser Studio.

«Leute, ich werde für einige Zeit nach Deutschland gehen.»

«Was willst du dort?», fragte Clément.

«Die Deutschen erforschen.»

«Wozu?»

«Die Sprache ist unmöglich, sie tragen weiße Socken mit Sandalen, und sie streiken nie. Ansonsten ist Berlin super. Voilà, du hast die Deutschen erforscht. Noch Fragen?», sagte Patrick.

«Okay, ich habe mich offenbar falsch ausgedrückt. Ich will die deutsche Frau erforschen.»

«Ah! Ich komme mit!», rief Guillaume.

«Die ziehen sich alle grungemäßig an», sagte Matthieu.

«Unter den Jeans haben sie keine Dessous, dafür unrasierte Beine. Viel Spaß», sagte Clément.

«Alles Öko-Fanatikerinnen! Bis sie den Typ mit dem fetten Geländewagen treffen», sagte Xavier.

«Ich habe eine kennengelernt, in der Bretagne», sagte Vincent. «Sie hieß Judith. Blond, groß, sie sah geil aus, riesige Titten – aber selbst hinter verschlossener Tür durfte ich sie nicht befummeln. Glaubst du das? Sie schlafen nie am ersten Tag und auch nicht am dritten mit dir. Der Wahnsinn.»

All diesen freundlichen Einwänden und Warnungen zum Trotz packte ich einige Tage später meine Koffer ins Auto, eine Ente, Modell Charleston, Baujahr 1981, schwarz und rotweinrot. Tachostand 80 000 Kilometer – die Ente war wie neu. Dieses Modell ist heute noch sehr begehrt, allerdings ist das schwarzgelbe Modell Charleston bei Kennern noch gefragter, weil sehr selten. Die Überlebensfähigkeit der Ente ist erstaunlich. Sie hat die Sahara-Wüste durchquert. Jetzt sollte sie den Asphalt der deutschen Autobahnen genießen.

Die Ente ist für Franzosen, was der Käfer für die Wessis und der Trabi für die Ossis ist. Ein Stück Nationalidentität. Zur französischen Nationalidentität gehören natürlich auch Käse und Wein. So will es das Klischee, und wie alle Klischees ist es falsch und stimmt trotzdem. Für die Aufrechterhaltung meines Gemütszustandes in den fremden nordischen Gegenden rüstete ich mich käsemäßig auf. Außerdem hegte ich die Hoffnung, mit einer Sammlung edlen Käses ein deutsches Fräulein zu verzaubern. Wenn sie mit Roquefort oder Cantal nichts anfangen konnte, dann wären wir sowieso nicht füreinander gedacht.

Das einzige Problem an diesem herrlichen Lebensmittel ist der Geruch, der manchmal ein wenig aufdringlich sein kann. Gleichwohl besagt eine ungeschriebene Regel, dass, je mehr der Käse riecht, er umso leckerer schmeckt. Ein starker Epoisses ist in dieser Hinsicht unschlagbar. Jean Anthelme Brillat-Savarin, der Urvater aller Feinschmecker, nannte ihn nicht zufällig den «König der Käse».

Meine Ente wurde zum Lieferwagen. Ich füllte sie mit Epoisses, Ziegenkäse, Roquefort und anderen schimmeligen Köstlichkeiten. Dazu einige Weinflaschen. Unverzichtbar. Besonders in einem Moment von Heimweh. Ich stehe auf Côtes-du-Rhône, Rotweine aus der Bourgogne und trockene Weißweine. Deshalb brachte ich auch einige Chablis mit, Sancerre sowieso und eine Flasche Chassagne-Montrachet. Letztere wollte ich mir für die große Liebeserklärung, samt «Willst du mich heiraten?» und «Ich will drei Kinder von dir», aufbewahren. Ist ja schließlich ein Chassagne-Montrachet 1976.

Bloß nicht den Korkenzieher vergessen, und dann konnte es endlich losgehen. Aus dem Périphérique musste ich Porte de la Chapelle raus, Richtung Lille, an den Schtis vorbei. Dann durch Belgien weiter Richtung Lüttich, und bald war ich in Sichtnähe von Aachen. Ich hupte, als ich den Namen dieser symbolstarken Stadt sah. Sie ist die Stadt von Karl dem Großen, aus jener Zeit, als das Frankenreich die noch nicht existierenden Franzosen und Deutschen einigte – wie gut, dass sie sich inzwischen getrennt haben, sonst gäbe es keinen Anlass für dieses Buch.

Seitdem wir keine Grenzen mehr innerhalb Europas haben – genauer gesagt, innerhalb des Schengen-Raums –, gibt es am Übergang von Belgien zu Deutschland nur noch ein kleines rundes Schild, schlicht und bescheiden: Bundesrepublik Deutschland. Hier also beginnt das Land der langbeinigen Blondinen – und der langen Wörter.

Ja, die langen Wörter. Die deutsche Sprache ist tatsächlich für einen Franzosen ein phonetischer und optischer Schock. Einen Vorgeschmack auf lange Wörter gewann ich im Deutschkurs auf dem Gymnasium. Zum Glück hatte ich Deutsch noch vor der Rechtschreibreform gelernt, die Wörter waren also ein bisschen kürzer als heute. Schifffahrt schrieb sich zum Beispiel noch Schiffahrt. Schifffahrt mit drei f ist zwar logisch und pragmatisch, aber unsexy. Die umgekehrte Proportionalität von Pragmatismus und Sexyness betrifft allerdings nicht nur die deutsche Sprache, wie ich später noch feststellen sollte.

Und dann mussten wir uns in der Schule auch mit den Feinheiten der deutschen Grammatik auseinandersetzen. Eine Sisyphusarbeit. Jedes Mal, wenn ich dachte, ich hätte den Unterschied zwischen Akkusativ und Dativ verstanden, gab es etwas Neues, das ich nicht kapierte. Zum Beispiel: Der Akkusativ ist der Kasus der Bewegung (wohin), der Dativ der Kasus der Örtlichkeit (wo). Bon. Wenn ich von Paris nach Hamburg fahre, bewege ich mich. *Bon*. Entsprechend sollte ich 900 Kilometer auf *die* Autobahn fahren. Nicht *bon*. Ich fahre 900 Kilometer auf *der* Autobahn, weil ich mich auf der Autobahn befinde. Kurz: Ich fahre eine Strecke von 900 Kilometern, und der Deutsche erklärt mir, dass ich auf der Autobahn kleben bleibe. Was will man da verstehen? Immerhin weiß ich heute noch, dass *aus, außer, bei, mit, nach, seit, von, zu* Präpositionen sind, die den Dativ erzwingen. Hätte ich damals gewusst, wie salonfähig es ist, die Grammatik zu beherrschen, hätte ich mir auch die Präpositionen mit Akkusativ gemerkt. Ein echter Opener bei den deutschen Ladys, diese Liste.

Also, falls man ein bisschen schusselig ist wie ich, dann verpasst man das kleine runde Schild und fährt daran vorbei, in der irrigen Annahme, man sei nach wie vor in Belgien. Doch allmählich merkte ich, hier läuft etwas anders. Ich gewann den Eindruck, meine Ente bewegte sich plötzlich langsamer als je zuvor. Alle dreißig Sekunden raste ein Auto an mir vorbei, das mich mit einer Geschwindigkeit überholte, die ich unangemessen fand und, um ehrlich zu sein, demütigend. Liegt es an mir, oder sind die anderen schneller geworden?

Seitdem die französische Regierung überall radarbewaffnete Gendarmen auf den Straßen und Autobahnen Frankreichs postiert hat, die gnadenlos ins Portemonnaie greifen und Führerscheinpunkte abziehen, fährt der Franzose auf annähernd zivilisierte Weise. Die Höchstgeschwindigkeit auf der Autobahn beträgt 130 km/h. Dementsprechend empfand ich das Überholen in Frankreich respektvoll: 130, manchmal 135 km/h gegen 100 für die Ente. Manchmal auch 180, der Südländer hat bekanntermaßen ein anderes Verhältnis zum Gesetz als der Deutsche. Die Autos, die mich überholten, waren meistens Renault, Peugeot oder Citroën – man muss ja die nationale Industrie fördern.

Aber auch viele Volkswagen und Toyota, Mercedes, Audis, ein paar BMW und ab und zu mal ein Porsche. Viel Blau, Schwarz, Rot, Weiß, ein bisschen Grün, eher Dunkelgrün. Eine bunte Mischung also.

An meiner Charleston-Ente fuhren jetzt aber nur noch Audi, Mercedes, BMW und Volkswagen vorbei. Mercedes, schwarz, glänzend, neu, Audi, schwarz, glänzend, neu, Volkswagen, schwarz, glänzend, neu, BMW, schwarz, glänzend, neu, wieder ein Mercedes, schwarz, glänzend, neu, Volkswagen, schwarz, glänzend, neu. Ah! Ein Porsche zur Abwechslung. Schwarz, glänzend, neu. Nicht mal ein kleiner Peugeot mit Beulen hinten, vorne, links und rechts, um die deutsch-französische Freundschaft aufrechtzuerhalten? Nicht einer. Ein Beweis mehr für meine These.

Ich entwickelte angesichts dieses Überholwahns einen Minderwertigkeitskomplex. Diese Deutschen mit ihrer motorischen Überlegenheit! Dafür haben wir Stil!, schrie ich allein in meiner Ente. Ach, was soll's, ich lasse mich nicht von diesen materiellen Dingen stören. Mich interessieren die Menschen, nicht die Autos. Ich korrigiere. Mich interessieren die Frauen, nicht die Autos. Das Problem mit dieser Geschwindigkeit war, dass man kaum Zeit hatte zu sehen, wer am Steuer saß.

Jetzt aber erspähte ich endlich im Rückspiegel ein Auto, das sich mit entenfreundlicher Geschwindigkeit näherte. Und an mir vorbeizog. Ein Ford Fiesta. Wer saß am Steuer? Oh! Eine Claudia Schiffer! *Bonjour!* Die unbekannte Blondine musterte meine Ente mit einer Mischung aus Mitleid und Amüsement. Für einen Moment trafen sich unsere Blicke. Dann trat sie aufs Gaspedal und verschwand am Horizont. Ich versuchte nicht einmal mitzuhalten, die Ente brachte es nicht.

Während ich mich in Gedanken an die Claudia Schiffer im

Ford Fiesta verlor, fing die Ente langsam an zu keuchen. Sie brauchte dringend Benzin. Eine Pause würde mir sowieso guttun. Die nächste Tankstelle war nicht weit, hustend kamen wir am Benzintropf an.

Ich spürte schon eine gewisse Aufmerksamkeit des lokalen Publikums, das sich fragte, aus welcher merkwürdigen und unbekannten Welt dieses fahrende Fossil kam. Damit entsprach ich nicht wirklich dem deutschen Männlichkeitsbild, das war mir schon klar.

Ich parkte mit letzter Entenkraft neben einem himmelblauen Golf GTI. Endlich eine ungewöhnliche Farbe. Mein müder Blick heiterte sich sofort auf. In dem Golf unterhielten sich zwei Claudia Schiffers! Sie redeten und redeten, bis eine von den beiden die Präsenz meines UFOs registrierte. Dann starrten die beiden blonden Pferdeschwänze auf mein schwarz-rotes Fahrgestell, und ich will gar nicht wissen, wie sie geschaut hätten, wenn ich noch eine Baskenmütze auf dem Kopf getragen hätte.

Eine Tankstelle ist nicht besonders geeignet, mit zwei Fremden ins Gespräch zu kommen, aber manchmal muss man dem Schicksal eine Chance geben. Es war Zeit, mein erstes Gespräch mit weiblichen Einheimischen zu führen. Ich nickte ein kurzes Hallo mit einem kleinen Lächeln und deutete mit einer Geste an, sie sollten ihre Scheibe runterkurbeln.

Claudia Schiffer I drehte sich zu ihrer Freundin um, sagte etwas und lachte, Claudia Schiffer II lachte zurück, sagte noch etwas, beide Claudias lachten, und Claudia Schiffer I kurbelte die Scheibe runter.

«Guten Tag», sagte ich. «Noch nie ein solches Auto gesehen?»

«Nein.»

«Das ist ein Deux Chevaux.»

«Aha.»

«Der französische Käfer, wenn man so will. Sie hat so viel magische Power wie der Käfer von Monte Carlo* – aber sie heißt nicht Dudu!», fügte ich grinsend hinzu.

Schnell merkte ich: Witzig zu sein in einer fremden Sprache, ohne über den nötigen Wortschatz zu verfügen und das kulturelle Verständnis für den lokalen Humor zu haben, ist eine suizidale Haltung. Die Reaktion der beiden Damen auf meinen Käfer-Ente-Vergleich lag ungefähr bei null. Ihre in helle und zugegebenermaßen zur Autofarbe passenden, Used-washed-Jeans mit Nieten am Taschenaufsatz und Kunstfaserstrick gehüllten Körper zeigten keinerlei Regung, und die Gesichter unterhalb des blondierten Haaransatzes besaßen eine Mimik, als würde ihnen Heinz Sielmann die Reiseroute von Zugvögeln erklären.

Positiver Erstkontakt sieht anders aus. Aber das war mir egal. Vor meinen Augen bewegten sich zwei lebende Klischees. Als würde ein Deutscher im Montmartre mit zwei Amélies unterwegs sein, während im Hintergrund Akkordeon-Musik spielt. *Trop beau pour être vrai* – zu schön, um wahr zu sein. Ich setzte die Diskussion trotzdem fort, schließlich löst sich manchmal das schlimmste Klischee in Wohlgefallen auf. «Ich lade Sie ein, dieses Kunstwerk zu besichtigen. Damit die Ente anspringt, muss ich eine Handkurbel unter der Motorhaube drehen!» Kaum war Claudia I ihrem Golf entstiegen, verdrehte sie schon die Augen, als würde sie gleich in Ohnmacht fallen. Ich erkannte sofort die

---

* Akademische Fußnote: *Der tolle Käfer in der Rallye Monte Carlo* war ein Film, den ich mit acht Jahren gesehen habe, in dem der Käfer «Dudu» heißt. Er hatte magische Kräfte, und jedes Mal sagte sein Fahrer Jim, wenn auf den Käfer unmögliche Aufgaben zukamen, «Dudu macht das schon». Und Dudu machte es schon. Natürlich gewann Dudu schließlich die Rallye und verliebte sich in einen Lancia. Sehr hübsch.

Ursache ihres Kollapses. Der Käse. Ich hatte den Käse vergessen. Meine ganze Käseladung war auf dem Hintersitz verstaut. Vielleicht konnte ich ihr erklären, dass wir Franzosen viel Wert auf Tradition legen und dass ich garantieren konnte, dass alle Käse bio waren? Etwas sagte mir, das würde die Sache nicht besser machen. Ich versuchte locker zu bleiben.

«Es sind französische Käse. Sie riechen zwar ein wenig» – dabei kann Claudia I schon gar nicht mehr atmen –, «schmecken aber umso leckerer.»

Ich holte aus dem Auto einen leicht verschimmelten Ziegenkäse.

«Wollen Sie probieren?»

Wenn ich meinen Kumpels erzählen würde, dass ich zwei deutschen Blondinen an einer Autobahntankstelle Ziegenkäse angeboten habe – sie würden mich für völlig verrückt halten. Pure Verschwendung dieses edlen Guts, aber Erfahrungen haben ihren Preis. Ich schnitt drei Stücke mit meinem Opinel ab. Der Opinel ist die französische Version des Schweizer Messers. Damit kann man zwar weder Kuckucksuhren noch Autos reparieren, aber Käse, Wurst und Brot schneiden. Im Leben muss man Prioritäten setzen.

«Mit der Haut?», fragte Claudia I sichtlich angewidert, als ich ihr den Käse auf der Spitze des Messers gebe.

«Der Schimmel ist harmlos, keine Angst», antwortete ich. Ich verstand erst ihre Vorsicht, als ich ihre Fingernägel erblickte, gegen die jede Leggins im Leopardenlook blass ausgesehen hätte. Unter ihren langen Nägeln, auf denen sich die gesamte Savanne widerspiegelte, inklusive Abendsternhimmel, würde der Schimmel eine zweite Heimat finden. Das fände Claudia I bestimmt nicht amüsant.

«Der ist ein bisschen scharf, ich mag Babybel lieber», sagte

Claudia II, deren rosa-schwarzes Fingernageldesign an die Grenzen der Kunst stößt.

Pardon? Ich musste falsch gehört haben. Ich schenkte ihr ein *chèvre fermier* der nobelsten Sorte, der Bauer hatte diesen Käse mit seinen eigenen Händen gestaltet und kennt jede seiner Ziegen bei ihrem Namen, und diese Claudia Schiffer verglich ihn mit Babybel? Diesem elendigen Kunststoff? Lieber taub sein, als so etwas zu hören!

Also gut. Merken für das nächste Mal: Der schimmelige Käse als Mittel, Kontakt mit den Ureinwohnerinnen aufzunehmen, besonders wenn sie lange Fingernägel tragen, ist definitiv keine gute Idee. Vielleicht wäre dagegen ein Glas Weißwein eine bessere Eintrittskarte? Ich machte eine Flasche Sancerre blanc auf – mein Lieblingsweißwein von der Loire.

«Dazu passt eigentlich ein kleiner Weißwein. Ich hoffe, er ist frisch genug», sagte ich vorsichtig. Wein schien erfolgreicher als Käse zu sein, die Stimmung wurde heiterer.

«Oh, danke! Aber nur ein kleines Glas, wir müssen noch fahren.»

Natürlich.

«Holst du den Sprudel?», fragte Claudia II Claudia I.

Recht hatte sie, man muss auch zum Wein ein bisschen Wasser trinken. Man trinkt in der Regel sowieso zu wenig.

Ich schenkte den beiden Claudias ein bisschen Wein ein – und die Claudias gossen dazu den Sprudel. Das kann doch nicht wahr sein! Sprudel in meinem Sancerre! Erst der Babybel, jetzt mein Sancerre, was würde der nächste Affront sein? Lieber Leberwurst als Gänseleberpastete?

«Euh, ihr mischt Wein mit Sprudelwasser?», fragte ich und versuchte, gelassen zu bleiben, obwohl ich die kriminelle Energie in mir kaum noch unterdrücken konnte. Am liebsten hätte ich diese beiden Ignorantinnen gezwungen, lebenslang ihren Babybel mit der Schale zu essen.

«Ja, Weinschorle schmeckt super!»

Bien sûr.

«Ah. Weinschorle ... Also, das ist, wenn man Wein mit Sprudelwasser vermischt?»

«Genau. Hat lecker geschmeckt, danke! Aber wir müssen jetzt los!»

Debil grinsend winkte mir Claudia I noch kurz mit ihren Tigerkrallen zu, während Claudia II sich eine Zigarette anzündete und der Golf von der Tankstelle rollte.

Diese Barbaren, dachte ich, als der Golf verschwand. So eine Unverschämtheit.

Später erfuhr ich, dass es für diese Spezies von Frauen einen Namen gibt: Tussis. Ich habe seitdem viele Tussis gesehen, aber im Nachhinein muss ich zugeben, dass ich das große Glück hatte, sofort den Obertussis zu begegnen. *La chance du débutant,* wie man sagt – das Glück des Anfängers. Bei der Weltmeisterschaft der Tussis hätten die beiden locker das Finale erreicht.

Der Rest der Fahrt verlief, wie sie begonnen hatte. Man gewöhnt sich an alles, auch an das Überholen von schwarzen Autos. Einmal wurde ich freundlicherweise angehupt. Ein *connaisseur,* vermutlich. So kam ich im Frühling in Hamburg an. Frische Luft, windig, ein bisschen kühl, aber angenehm. Ich nahm mir ein wenig Zeit und ging zur Alster, um die schöne Aussicht auf die Stadt zu genießen. Dabei wurde ich beinah von einem Fahrrad überfahren. Die Fahrerin klingelte wie verrückt und schrie mir etwas zu, was ich nicht verstand. Da erst merkte ich, dass ich mich auf einer Radspur befand.

Ah, la, la. Das wird Spaß machen, mit den deutschen Frauen.

Die deutsche Frau:
«Was will der von mir?»

ch bin tatsächlich im Land der Kinderschokolade angekommen, dachte ich wenige Wochen nach meiner Ankunft. Die Werbung für Kinderschokolade hat meine Kindheit geprägt. Nicht nur, weil ich keine Kinderschokolade kaufen durfte, warum auch immer, sondern allem voran, weil die Werbung katastrophal synchronisiert war, sodass die schöne blonde junge Frau, die dem kleinen nervigen Idioten die Kinderschokolade gab, weiter auf Französisch sprach, während sie auf dem Bildschirm längst nur noch lächelte. Dank dieser technischen Peinlichkeit sind mir ihre unfassbar blauen Augen und ihre blonde Haarpracht gut in Erinnerung geblieben, die mich damals faszinierten.

Ich würde behaupten, sie war mein erstes erotisches Erlebnis – unbewusst natürlich, ich war ja noch in einem unschuldigen Alter. Inzwischen bin ich gar nicht mehr unschuldig, will am liebsten täglich schuldig gesprochen werden, und plötzlich kamen diese Bilder mit der Kinderschokoladen-Beauty nicht mehr aus dem Fernseher, sondern verliefen vor meinen Augen: Blondine hier, Brünette da, überall sah ich gesunde Schönheiten in luftigen Sommerkleidern, die Fahrrad fuhren, Bio-Äpfel aßen und mit weißen Zähnen lächelten. Herrlich.

Es fällt sofort auf, dass die deutsche Frau nicht nur gesund und schön ist – sie ist auch sportlich. Die deutsche Frau joggt. Sie joggt und joggt und joggt. Das liegt sicherlich auch daran, dass die deutschen Großstädte meistens sehr grün sind. Ich konnte nur über die Lebensqualität staunen. Welch ein Unterschied zu Paris! In Paris erstickt man im Stau, Fahrrad fahren ist lebensgefährlich, und der größte grüne Fleck der Stadt ist der Friedhof von *Père Lachaise*.

Wenn die deutsche Frau nicht joggt, geht sie ins Fitnessstudio oder fährt Inlineskates. Beide Aktivitäten scheinen sehr beliebt zu sein. Und Yoga. Joggen langweilt mich zu Tode, aber ich war bereit, mich anzupassen. Alles, was für das Herz gesund ist, sollte mir recht sein.

Das Neben-dir-sitzen-Problem

Frühling ist ja wie Freitag. Es ist die Jahreszeit der Vorfreude, danach kommt noch der Sommer, das Wochenende. Die Tage werden länger, und wir Menschen sind schließlich keine Automaten, sondern Lichtwesen. Das Leben blüht wieder auf, unsere Sinne erwachen. Licht entfaltet unsere Lust nach Körperlichkeit. Entsprechend kleiden wir uns im Frühling mehr sexy, Freizügigkeit und Versuchung steigen proportional in verheerendem Ausmaß, und alle entwickeln sich zu Hormonsklaven, was wiederum die Fortpflanzung der Spezies sichert. Man kann die Natur nur bewundern.

Höchste Zeit also für mich, die Vespa aus der Garage zu holen, die Pornobrille aufzusetzen und mir den Dreitagearschlochbart wachsen zu lassen. So ausgestattet, wollte ich mich unter blauem Himmel und strahlender Sonne auf die Suche nach der deutsch-französischen Liebe begeben.

Biergärten sind für einen solch noblen Zweck bestens geeignet. Der Biergarten gehört, neben dem Grillen, zu den sommerlichen Institutionen, die ich in Deutschland besonders mag. Die gesellige und gesprächige Atmosphäre lädt zur Begegnung ein.

Ich traf mich also an einem heißen Sonntagnachmittag im Biergarten des Stadtparks mit Christoph, einem Freund, den ich über berufliche Wege kennengelernt hatte. Christoph und ich bestätigen die bösesten Klischees über Männer, da wir hauptsächlich über Frauen und Fußball reden. Wir suchten uns freie Plätze und hatten die Wahl, uns neben einen leicht schwitzenden Schnauzbarttyp zu setzen oder neben zwei adrette Fräulein. Eine war blond, die andere brünett, beide höchstens Anfang dreißig. Wir zögerten eine halbe Nanosekunde.

«Entschuldigung, sind diese Plätze frei?», fragte ich die Blondine. Sie drehte den Kopf, schaute uns an und schaute wieder zu ihrer Freundin. Keine Antwort. Vermutlich hatte sie mich aufgrund meines Akzents nicht verstanden. Das konnte ich sehr gut nachvollziehen; am Anfang der Beziehung mit meiner spanischen Exfreundin kapierte ich auch kein Wort von dem, was sie sagte. Na ja, egal. Lange her.

Ich fragte erneut. Jetzt wurde ihr Blick dunkler und voller Unverständnis. Sie antwortete aber immer noch nicht, und auch ihre Freundin schwieg. Ich musste etwas falsch gemacht haben. Was genau, wusste ich nicht, aber es musste falsch gewesen sein.

Bon, Christoph und ich setzten uns, ohne Erlaubnis und bevor uns ein Hund mit einer Stehlampe verwechselte. Doch die kalte Stille war mir ein bisschen unangenehm. Ich hatte den Eindruck, für Verstimmung gesorgt zu haben, deshalb versuchte ich etwas Banales zur Auflockerung zu sagen.

«Schön hier, nicht wahr?», meinte ich mit einem breiten Lächeln. «Mein erstes Bier in meinem ersten Biergarten, seitdem ich in Deutschland bin!»

Vielleicht konnte ja diese Erwähnung meine abgeschreckte Nachbarin entspannen?

«Du, ich möchte mich mit meiner Freundin unterhalten», sagte die Blonde mit verzerrtem Grinsen.

Sie konnte doch sprechen! Und immerhin hatte sie mich geduzt. Vielleicht ein bisschen direkt, in Frankreich siezen sich alle, zumindest in der Öffentlichkeit duzt man sich nicht so einfach. Aber eine Sympathiebekundung, keine Frage. Das musste man unterstützen. Eigentlich wollte ich ihr erzählen, dass mich dieser Biergarten an meine Kindheit im Sauerland erinnerte, als ich nach dem Minigolf mit meinem kleinen Bruder und meinen Großeltern die Punkte zählte, während wir ein Eis aßen. Dort sah es ähnlich aus, mit Wald drumherum, die Tische waren auch aus Holz, es fehlten nur die Kampfjets. Sie hätte mich aber sicherlich für komplett gestört gehalten, deshalb fasste ich zusammen, warum ich so gut drauf war.

«Klar. Weißt du, ich bin nur einfach total erregt.»

«Was??»

«Erregt» mit «aufgeregt» zu verwechseln ist keine gute Idee, wenn man eine deutsche Frau anspricht. Das sah echt dramatisch aus. Bislang waren die beiden Ladys ziemlich kühl gewesen, nun sahen sie zutiefst schockiert aus. Mein Gott, sobald man in Deutschland den Mund aufmacht, um mit einem Mädel zu reden, macht man offensichtlich etwas falsch. Ich las nur noch kalte Angst und Empörung in ihren Augen und fühlte mich auf einmal wie Serge Gainsbourg, der mal in einer berühmten französischen Talkshow neben Whitney Houston saß und zum Moderator sichtlich angetrunken meinte: «I want to fuck her.» Darauf reagierte Whitney Houston mit einem kultigen «What??», woran sich ganz Frankreich noch fünfundzwanzig Jahre später erinnert. Diese Szene kann man jeder Zeit auf YouTube abrufen.

Diese peinliche Verwechslung ist mir danach noch ein paarmal passiert, bis mich eine Freundin netterweise darauf aufmerksam machte, dass «erregt» sexuell konnotiert sei. Solche kleinen Missverständnisse vereinfachen nicht wirklich den Dialog zwischen den Kulturen.

Ich wollte der Whitney Houston vom Biergarten erklären, was ich eigentlich gemeint hatte, aber es war zu spät. Sie flüsterte ihrer Freundin etwas zu, beide nahmen ihre Gläser und verließen den Tisch. Schade, vielleicht hatte sie auch Sommerferien im Sauerland verbracht und wir hätten Erinnerungen austauschen können.

«Wieso können die beiden nicht sagen ‹Ja, der Platz ist frei› und Schluss? Was ist so kompliziert daran?», fragte ich Christoph verwirrt.

«Ich glaube, du hast sie ein bisschen überfordert», antwortete er.

Zwei älteren Damen kamen auf uns zu und nahmen neben uns Platz. Direkt, ohne Blabla und ohne zu fragen.

«Wir dachten, wir setzen uns neben zwei gut aussehende junge Männer», sagte die eine und lachte.

So einfach ist das.

Nach mehreren ähnlichen Erfahrungen wurde mir langsam klar, dass die Neben-dir-sitzen-Angelegenheit in der Öffentlichkeit schnell zu heiklen Auseinandersetzungen führen kann. Heute weiß ich, wie ich mich zu verhalten habe. Ich klopfe auf den Tisch, sage «Mahlzeit», obwohl es nichts zu essen gibt, setze mich, und fertig. In Frankreich wäre es eine bodenlose Grobheit, sich so zu benehmen, aber in Deutschland ist man damit auf der sicheren Seite. Vor allem neben einer schönen Dame. Das Mädel fühlt sich nicht bedroht, und alles ist gut. Erstens, weil ich mich endlich wie alle anderen verhalte und keine dämlichen Frage stelle. Zweitens, wenn ich kein Wort sage, fühlt sie sich auch nicht von mir angegriffen. Also können wir in Ruhe beginnen, miteinander zu sprechen. Dann klappt es wunderbar.

«Weil du sie gefragt hast, ob du dich hinsetzen darfst, obwohl der Platz offensichtlich frei war, hat sie das als blöde Anmache aufgefasst», erklärte mir später Steffi, als ich ihr die Geschichte vom Biergarten erzählte. «Sie geht darauf nicht ein, da sie denkt: *Was will der von mir?*»

An dieser Stelle möchte ich Steffi vorstellen. Sie steht ganz oben auf meiner privaten Coach-Liste für die deutsche Frau. Steffi kommt aus Norddeutschland und hat einen profunden soziologischen Blick auf ihre Geschlechtsgenossinnen entwickelt. Breit aufgestellt, höchst reflektiert, dank ihrer Analyse konnte ich Schritt für Schritt meine eigenen Geschichten mit den deutschen Demoiselles aufarbeiten – verstehen kann ich sie sowieso nicht. Mit Sophie, die ich später vorstellen werde, bildet sie ein Paar, das mir die weibliche deutsche Sicht nahegebracht hat. Dafür sind ja zwei hübsche blonde Frauen nicht zu viel.

«Freundlichkeit und Flirten gehören zusammen», erklärte Steffi weiter. «Ich glaube, es ist in Deutschland total verkümmert, freundlich auf Leute zuzugehen. Das sind leider schlechte Voraussetzungen für ein geschlechterübergreifendes Miteinander. In Deutschland ist es so, dass die Frau wenige Chancen vergibt und den Typ sofort spüren lässt, dass er keine Chance hat. Sie will sich erst gar nicht auf ihn einlassen, sondern zeigt ihm ganz klar: du nicht. Es geht darum, von Anfang an zu selektieren. Oft wird das damit gerechtfertigt, es sei nur fair, sofort ehrlich zu sein.»

Diese Direktheit macht einen Flirt natürlich unmöglich. Denn Flirten besteht, per se, aus Ungewissheit. Deshalb muss er gespielt werden, um erträglich zu sein.

Zum Glück hatte ich einen Job, der mir ermöglichte, ein aktives soziales Leben zu führen. Aktives soziales Leben bedeutet auch regelmäßige Partys, und Partys sind, auch im Internetzeitalter, die besten Gelegenheiten, um eine Frau kennenzulernen und anzusprechen.

Das Kompliment-Problem

Kurz darauf, an einem lauen Sommerabend, wurde ich zu einer kleinen Fete eingeladen. Eine schöne Wohnung, Altbau, mit hohen Decken, Holzdielen und Balkon. Ich habe die angenehme Seite eines Balkons erst in Deutschland schätzen gelernt. In Paris reicht er meistens gerade mal für drei Blumentöpfe. Ansonsten gibt es Terrassen, die zu unbezahlbaren Apartments gehören. Das Einzige, was die Franzosen mit Balkon verbinden, ist der Spruch *Il y a du monde au balcon* – Es gibt viele Leute auf dem Balkon. Damit bezeichnet man eine Frau, die sich einer beachtlichen Brustgröße erfreut. Der Balkon in Deutschland wird an schönen Tagen zum Antichambre unter freiem Himmel, zum Ort des Liebkosens und des Genießens. Ich erinnere mich wehmütig an jenen sommerlichen Abend mit einer Frau in Berlin, als wir bis tief in die Nacht auf dem Balkon saßen, mit Blick auf den Alex und einer frischen Flasche Weißwein Pouilly Fuissé. Sehr romantisch. Es endete, wie es enden soll.

Doch kehren wir zurück zu jenem Abend. Ich verschaffte mir einen schnellen Eindruck der Räumlichkeiten und nutzte den Augenblick, um das Publikum kurz zu scannen. Man weiß ja nie, vielleicht entdeckte ich unerwartet die Frau meines Lebens. Etwa fünfunddreißig Leute zwischen zwanzig und fünfzig diskutierten in kleinen Gruppen. Ein Großteil davon stand in der Küche. Dies hatte selbstverständlich nichts mit der Nähe zum

Essen oder zu den Getränken zu tun, sondern damit, dass die meisten Leute auf Partys komischerweise nach einer Legitimation suchen, statt Spaß zu haben. In der Küche fühlen sie sich aufgehoben, dabei trauen sie sich einfach nicht zu tanzen. Das Gleiche beobachtet man auch jenseits des Rheins. Andere standen im Salon, und ein Paar knutschte auf dem Sofa. Trotz guter Musik im Hintergrund tanzte fast niemand, abgesehen von zwei Mädels. Eine klassische Party also an einem Samstagabend. Alles wunderbar.

Eine hübsche Mademoiselle, Ende zwanzig, stand mit ihrem leeren Glas allein am Buffettisch. Sie trug einen beigefarbenen Rock mit einem weißen Hemd, hatte lange dunkelblonde Haare, ihr Blick war ein wenig verträumt, was ihr eine gewisse Sinnlichkeit verlieh. Und diese Gestalt war allein? Unglaublich. «*Mes yeux sont des kilos qui pèsent la sensualité des femmes* – Meine Augen sind Gewichte, mit denen ich die Sinnlichkeit der Frauen wäge», schrieb der Schriftsteller Blaise Cendrars. Als ich diesen Satz zum ersten Mal las, war er für mich wie eine Offenbarung. Man sieht die Frauen ganz anders, wenn man diesen Satz im Kopf hat. Die Mademoiselle wäre in Frankreich schon längst von einem Verehrer belagert worden, mit drei anderen in der Warteschlange. Die Typen hier hatten definitiv keine Augen im Kopf.

Ich ging in ihre Richtung.

«Dein Glas ist leer?», sagte ich, mit einem Ton, der gleichzeitig leichten Vorwurf, Überraschung und Enttäuschung zu erkennen gab.

«Ja», antwortete sie knapp.

«Dann lass uns mal diesen Wein probieren, er ist bestimmt phantastisch», sagte ich, eine Bordeauxweinflasche greifend, Jahrgang 2008. Ich hatte Glück, dass überhaupt eine französische Weinflasche dabei war. Meistens gibt es auf deutschen Partys nur Bier, und wenn Wein, dann einen gepanschten Traubensaft aus Übersee mit Alkohol. *Qu'importe le flacon, pourvu qu'on ait l'ivresse* – Was soll die Flasche, Hauptsache, man hat den Rausch, könnte man einwenden, und eine Party ist ja auch keine Verkostungsprobe. Aber was spricht dagegen, das Angenehme mit dem Nützlichen zu verbinden? Das Etikett des Bordeaux und die Beschreibung ließen mich jedoch das Schlimmste fürchten. Bei 3,99 Euro musste mich das nicht wundern.

Ich schenkte ihr Wein ein, hob mein Glas und sagte «*Santé!*». In einer anderen Situation hätte ich «Zum Wohl!» gesagt; wir waren schließlich in Deutschland. Aber die französische Sprache gehört zum Flirt- und zum Weinvokabular wie die deutsche zu Philosophie und die spanische zu Pornos. Außerdem versuchte ich gerade, an eine Dame heranzukommen. Da musste ich meinen Wettbewerbsvorteil nutzen.

Wie ich es geahnt hatte, war der Wein, milde ausgedrückt, ein totaler Fusel. Er gehörte ins Spülbecken.

«Findest du den Wein grauenhaft oder scheußlich?», fragte ich die Schönheit.

«Ja, das stimmt, er schmeckt nicht besonders gut», sagte sie vorsichtig, fügte aber sofort hinzu, sie habe keine Ahnung von Wein.

«Für so einen Wein brauchst du keine Ahnung zu haben», antwortete ich. «Ich heiße Alain, und du?»

«Daniela.»

«*Enchanté*, Daniela. Nächstes Mal sollten wir Champagne trinken, um solch böse Überraschungen zu vermeiden, was meinst du?» Man sagt übrigens *Champagne*, nicht Champagner – ein kleiner Insider-Hinweis, so *en passant*.

Sie schien nicht begeistert zu sein.

«Ich trinke lieber Sekt», entgegnete sie und lächelte ein bisschen geniert.

Diese Antwort habe ich inzwischen tausendmal gehört. Ich habe aufgegeben, für Champagne zu plädieren. Geschmackssache bleibt Geschmackssache, auch wenn es sich um schlechten Geschmack handelt.

«Keine Sorge. *Personne n'est parfait*», antwortete ich.

«Du kommst aus Frankreich?»

«Ja, aus Paris. Habe ich so einen starken Akzent, dass man sofort weiß, woher ich komme?»

Man muss ja auch ein bisschen kokettieren, sonst macht es keinen Spaß.

Ich erinnere mich nicht mehr, ob sie aus Bayern oder Baden-Württemberg stammte, was, angesichts der regionalen Unterschiede in der Bundesrepublik – das war mir zur Zeit dieser kleinen Szene allerdings noch nicht klar – von großer Wichtigkeit ist. Aber aus Sicht eines Franzosen sind diese geographischen Feinheiten eh völlig egal. Preußin, Bayerin, Rheinländerin, Sächsin, Hessin – alles Teutonen.

«Wen kennst du hier?», fragte ich Daniela.

«Niemand», antwortete sie lachend. «Ich warte auf eine Freundin. Eigentlich sollte sie schon da sein, aber sie hat etwas in unserer WG vergessen.»

Hoffentlich streikt die U-Bahn und die Freundin muss die ganze Nacht im Tunnel bleiben, dachte ich mir.

«Was machst du so?»

«Ich promoviere über die deutsch-französischen Beziehungen.»

Ich verschluckte mich beinahe. Wenn das kein Zeichen war! Inmitten einer Party in Hamburg traf ich die wahrscheinlich einzige promovierende Studentin bundesweit, die sich mit diesem

Thema beschäftigte. Innerlich bedankte ich mich beim lieben Gott, der diese junge Dame auf meinem Weg geschickt hatte, die Wein trank, hübsch war, über die deutsch-französischen Beziehungen forschte und allein auf einer Party stand. Ich brauchte gar nicht mehr Lotto zu spielen – zweimal in Folge ein solches Glück zu haben ist statistisch ausgeschlossen.

«Aber sag mal, die deutsch-französische Freundschaft ist doch längst tot und begraben. Was willst du denn damit?»

Daniela reagierte mit Vehemenz und wollte mich vom Gegenteil überzeugen. Sie erinnerte mich an alle Errungenschaften der beiden Länder seit dem Élysée-Vertrag.*

Das stimmt. Dank des Élysée-Vertrags sind wir im Abiturjahr nach Berlin gefahren. Die Mauer war ein Schock, und wir waren alle sehr beeindruckt, vor allem von den Volkspolizisten an den Checkpoints und von den Wachtürmen. Auf den historischen Schock folgte der kulinarische Schock. Der Gurkensalat. Damals habe ich zum ersten Mal erfahren, dass Gurkensalat auch mit saurer Sahne und Zucker zubereitet werden kann. Dank des Élysée-Vertrags. Berlin, seine Mauer und sein Gurkensalat. Und schließlich noch der Beauty-Schock. Diese umwerfende Brünette mit blauen Augen, die ich in der Nähe von Köpenick in der Straßenbahn sah. Wir waren für einen Tag nach Ost-Berlin gefahren, weil wir mit unserer damaligen Deutschlehrerin *Der*

---

* Akademische Fußnote: Der Élysée-Vertrag wurde am 22. Januar 1963 von Général de Gaulle und Konrad Adenauer unterzeichnet. Mit dieser politischen Geste sollten sich die beiden Feinde Frankreich und Deutschland versöhnen. Beide Völker sollten endlich mal aufeinander zukommen. Seitdem gibt es zum Beispiel den Schüleraustausch. Leider wurde das Problem der deutschen Frauen im Élysée-Vertrag nicht angesprochen. Ein großer Fehler, den dieses Buch in aller Bescheidenheit zu reparieren versucht.

Hauptmann von Köpenick lasen. Es wird jetzt privat, werte Leserinnen und Leser, aber ich möchte dieses Buch als Anlass nehmen, um einen Appell zu lancieren: Liebe Ossi-beauty-chérie, wir hatten vor zweiundzwanzig Jahren lange intensiven Blickkontakt. Du saßt in der Straßenbahn, welche Nummer weiß ich nicht mehr, aber die, welche vor dem Rathaus von Köpenick vorbeifährt – wenn ich mich recht entsinne. Ich stand draußen, trug Jeans-Shorts, ein nachtblaues T-Shirt und hatte damals noch eine braune Haarpracht. Wir haben uns angeschaut, bis wir uns nicht mehr sehen konnten. Für dich wäre ich in Ost-Berlin geblieben und hätte sofort die DDR-Staatsangehörigkeit angenommen, aber ich wusste nicht einmal, wie du heißt. Das weiß ich allerdings heute immer noch nicht. Deshalb, falls du dich erkennst, bitte melde dich umgehend. Bei Rowohlt wissen sie schon Bescheid.

Nun ja, zurück zu Daniela. Letztlich war ich gewillt, alle ihre Thesen über den Élysée-Vertrag zu teilen, Hauptsache, ich konnte weiter in Danielas Augen blicken. Sie waren einfach verdammt schön, das war mir am Anfang gar nicht aufgefallen. Und je mehr sie mir von der deutsch-französischen Freundschaft erzählte, desto mehr dachte ich an die deutsch-französische Liebe.

«Der erste Umbruch kam mit Chirac und Schröder ...»

«Wenn sie in meinem Bett liegt, schlafe ich sicher nicht in der Badewanne ...»

«Heute müsste man dieses Verhältnis neu denken, weil ...»

«Ja, Chérie, wir müssen unser Verhältnis neu denken ...»

«Der Höhepunkt ...»

«Genau, der Höhepunkt ...»

«Die beiden Länder hatten für Europa eine Vision ...»

«Ich habe auch eine Vision ...»

«Jetzt mit 27 Partnern ist es schwieriger geworden ...»

«*Orgien sind sowieso nicht so mein Ding ...*»

«Wie ein altes Ehepaar, das sich nichts mehr zu sagen hat ...»

«*Wir werden nie alt, Daniela, das verspreche ich dir ...*»

«Hörst du mir zu?»

Frauen merken alles. Besonders wenn wir Männer glauben, dass sie es gar nicht gemerkt haben. Natürlich hörte ich überhaupt nicht zu, aber das konnte ich ihr nicht sagen. Ich liebte es, wie sie ihre Nebensätze ineinanderschachtelte, aber ich liebte vor allem ihre Lippen. Mich langweilen politische Diskussionen auf Partys zutiefst. Erstens gehören sie zu meinem beruflichen Alltag, und zweitens sind sie die beste Voraussetzung, um einen Flirt gegen die Wand zu fahren. Wenn man den Anspruch hat, eine Frau für sich zu gewinnen, muss man unbedingt solch asexuellen Gesprächsstoff wie politikwissenschaftliche Analysen vermeiden. Sonst fällt man ganz schnell in einen neutralen Ton, und die Frau kommt nicht eine Sekunde auf die Idee, der Typ könne auch an etwas anderem interessiert sein als an der Zukunft des Élysée-Vertrags. Drittens war meine große Befürchtung, dass die Diskussion irgendwann beim Dritten Reich enden würde. In Deutschland, egal welche politische oder gesellschaftliche Diskussion man führt, egal mit wem, egal wo, egal zu welcher Zeit, endet die Diskussion *stets* beim Dritten Reich. Das ist ermüdend, und ich wusste schon im Voraus, dass ich mindestens fünf Tequila brauchen würde, um Daniela aus ihrem obligatorischen schlechten Gewissen rauszuholen. Danach wüsste sie nicht mehr, wie sie heißt, und der Abend wäre im Keller. *Merci*, Drittes Reich.

«Daniela, ich bin absolut deiner Meinung», reagierte ich deshalb sofort. «Wir müssen etwas für das deutsch-französische Verhältnis tun, es befindet sich in großer Gefahr.»

Es war Zeit, das Gespräch zu beenden und tanzen zu gehen.

«Kannst du Rock'n'Roll tanzen?»

«Leider nicht.»

«Ich zeige es dir.»

Ich nahm ihre Hand, ein, zwei Schritte, sie drehte sich, ich auch, alles easy. Sie konnte es viel besser, als sie behauptete. Eine promovierende Dame, für die Beweglichkeit kein Fremdwort war! Diese Frau war definitiv eine Rarität.

«Daniela», sagte ich, «Glückwunsch an deine Eltern, sie haben großartige Arbeit geleistet.»

Die deutschen Leser wird es wundern, aber dieser Spruch wird in Frankreich und in Italien als Kompliment bewertet. Das beweisen ganz eindeutig meine persönlichen Umfragen. Übrigens, man sagt im Original «Félicitations à tes parents – Glückwunsch an deine Eltern» und schmunzelt leicht dabei – dann weiß die Dame schon, was gemeint ist. Um die ganze Wahrheit zu sagen, war es eine Italienerin, die ihn mir beigebracht hat. Ganz anders in Deutschland: Egal, ob Frau oder Mann, wohl erfahren oder Laie, sie verdrehen alle die Augen, behaupten, die Anmache sei doof, und vergleichen den Spruch mit beliebigen Floskeln. Was für ein Unfug! Als ob der Inhalt eines Kompliments wichtig wäre. Viel wichtiger, als was gesagt wird, ist, *wie* man es sagt. Im Grunde kann ich mir diese ganze Argumentation jedoch sparen. Wenn Deutsche diese Anmache doof finden und Franzosen und Italiener gut – wem würden Sie in Sachen Flirtkultur vertrauen? Genau. Und umgekehrt mit Autos.

All diesen Gedanken zum Trotz musste ich mich an die Einstellung der Menschen hierzulande gewöhnen. Vielleicht hätte ich besser die Worte wählen sollen, die einst John F. Kennedy Gene Tierney, meiner großen Liebe auf der Leinwand, bei einer

Soirée ins Ohr flüsterte: «Ich könnte mit Ihnen so tanzen bis ans Ende der Nacht.» Klingt banal, hat aber geklappt. Okay, es war auch John F. Kennedy.

Also, Daniela. Ich war auf alles vorbereitet. Wirklich alles. Von «Danke, ich werde dir meine Eltern vorstellen» bis «Noch so einen Satz, und du bist raus». Jede Antwort wäre eine gute Antwort gewesen, weil sie das Spiel des Anbaggerns fortgeführt hätte. Aber nein. Daniela riss die Augen auf, hörte auf zu tanzen und schaute mich erstaunt an: «Aber du kennst doch meine Eltern gar nicht!»

Es gibt eine Waffe namens Taser. Der Taser ist eine Elektroschockpistole, die eine Person durch Elektroschläge für eine gewisse Zeit reglos macht. Den Taser brauche ich nicht mehr zu testen, danke. Ich weiß schon, wie sich das anfühlt. Nämlich genau so, wie wenn man eine solche Antwort bekommt.

In ihrer sachlichen Unschuld hatte Daniela den Angriff des Franzosen gnadenlos neutralisiert. Sie hat die wahre Anti-Franzosen-Antwort, the genuine Anti-French-Answer, kurz genannt AFA, entdeckt. Ihr gebührt Lob und Anerkennung im Namen aller deutschen Damen, die sich vor der bösen Attacke des Galliers schützen wollen. Also, werte Leserinnen, schön merken: Einfach sachlich sein, wenn der Franzose angreift. Plump. Direkt. Naiv. Unschuldig. Unverspielt. Ehrlich. Das macht die Magie des Moments zuverlässig kaputt. Genau so, als würde man mitten in der Disko das Licht anmachen.

Ich versuchte mich wieder zu sammeln, was die Sache nur noch schlimmer machte. Jeder zusätzliche Satz war ein weiterer Schritt im Treibsand. «Euh … na ja, also … klar, deine Eltern … Weißt du … nein, aber warte, eigentlich wollte ich …» Ach, was soll's? Das hatte doch keinen Zweck. Das machte keinen Spaß. Die Titanic hat es gegen den Eisberg auch nicht geschafft.

Das war meine erste Begegnung mit der Flirtkultur in Deutschland. Damit, wie die deutsche Frau aufs Flirten reagiert und selbst flirtet. Also null. Ganz und gar nicht.

Im Nachhinein wurde mir klar: Daniela dachte ernsthaft, dass ich mich für den Élysée-Vertrag interessierte. Um elf Uhr abends auf einer Party, an einem Samstagabend.

Spätestens nach der Begegnung mit Daniela begriff ich, dass die Regeln des Flirtens, des Verführens, des Anbaggerns hier ganz andere waren als die, die ich bisher gekannt hatte.

Wie gewohnt berichtete ich an Steffi. Mein Coach zeigte sich wenig überrascht: «Jede Frau findet Komplimente toll. Aber die deutschen Frauen haben ein anderes Verhältnis zu Komplimenten. Sie wissen nicht, wie man auf Komplimente reagiert. Uns fällt es generell schwer, unsere weiblichen Reize einzusetzen. Das finden wir oberflächlich. Die Deutschen haben ganz viel Angst, oberflächlich und unseriös zu sein. All diese mädchenhaften Stimmen der französischen Indie-Rock-Sängerinnen zum Beispiel, die uns so charmant vorkommen, finden wir eben nur charmant, weil sie Französisch singen. Auf Deutsch würden wir sie lächerlich finden.»

So weit zum Kompliment, der verbalen Hürde. Es ist aber nur der Anfang von unerhörten Schwierigkeiten auf dem Weg zur deutschen Frau.

Das Erlaubnis-Problem

Einige Jahre später. Die Szene spielt in der Küche mit, nennen wir die Dame Daniela II. Teelichter auf dem Tisch, wir hatten viel Wein getrunken und viel gesprochen – bei einem solchen Ambiente ist die Frage nicht, ob, sondern wann man sich küsst. Man muss nur den richtigen Moment wählen.

Ich schritt also zur Tat. Doch als ich sie umarmte, sagte Daniela II: «Huch, passiert hier etwas?!»

An diesem Abend musste ich mehrere Hürden überwinden, die erste davon war, dieses «Huch» zu überleben. In meiner persönlichen Hitliste der stupidesten deutschen Wörter gehört «Huch» zu den Top drei, neben dem bereits erwähnten «Häh?» und «Duuuu». Sie sind an Unerträglichkeit nicht zu übertreffen. Diesmal aber war ich stärker als das «Huch».

«Nein, nein, es passiert überhaupt nichts», antwortete ich und küsste ihr «Huch» weg.

Diese Frage und alle anderen dieser Sorte sollte man gar nicht wahrnehmen. Sie stehen für eine allerletzte Prüfung und signalisieren lediglich: Es darf nicht selbstverständlich sein, dass was passiert – die typische *Last Minute Resistance* (LMR). Das ist allerdings kein rein deutsches Phänomen. Diese Frage macht zwar ein wenig die Vorfreude kaputt, aber man muss den Verlust der romantischen Stimmung einfach mit plötzlichem Machogebaren kompensieren.

Wo fängt Sex an? Auf der Türschwelle. Die Türschwelle ist der Ort der Liebe schlechthin. Dort beginnt die Passion, das Küssen, das Ausziehen. Man müsste eigentlich einen Roman schreiben, der lediglich auf der Türschwelle spielt. Die Türschwelle in Deutschland aber ist ein Stoppschild. Die Möglichkeit für die Frau, zu sagen: «Bis demnächst.» Ich habe schon erlebt, dass eine Frau auf der Türschwelle sagte: «Soll ich da jetzt mit reinkommen?» Eine LMR hoch zehn.

Hingabe fällt der deutschen Frau schwer. Als ob sie noch in der letzten Minute verdächtigt werden könnte, etwas Unanständiges zu tun. Wenn die Frau sich in dieser Situation noch eine behördliche Sexerlaubnis einholen könnte, dann würde sie es tun. Spaß ist rechenschaftspflichtig. Ich meine, ich mache das ganze Verführungsspiel und Balzgehabe wirklich gern. Es ist kein einfacher Job, aber ich erfülle ihn mit großer Freude, und er hält manchmal sogar großartige Überraschungen bereit. Aber ab einem gewissen Punkt will man auch die Maske fallenlassen. Und bei der deutschen Frau frage ich mich regelmäßig, wann ist es endlich so weit, dass sie auch mal mitmacht.

Woher kommt dieser Drang nach Erlaubnis und Ordnung selbst in der Liebe, fragte ich nach dem Erlebnis mit Daniela II meinen Freund Jo. Jo ist Rechtsphilosoph, er hat an der Uni gelehrt und sich dann seiner Leidenschaft, dem Journalismus, gebeugt. Er ist das männliche Pendant zu Steffi und Sophie. Der weibliche Teil ist viel komplexer als der männliche, deshalb brauche ich zwei Insiderinnen, aber nur einen Insider. Jo ermöglicht mir den Einblick ins kollektive männliche Unterbewusstsein der Germanen wie kein anderer.

«Die Deutschen, anders als die Franzosen, glauben nicht, dass sie Rechte haben oder sich die Rechte erobern müssen, sondern dass ihnen Rechte vom Staat gegeben werden. Sie denken, sie besitzen keine natürlichen Rechte», erläuterte mir Jo. «Das ist natürlich falsch. Unser Grundgesetz ist da ganz anders und den Deutschen in seinem Menschenbild weit voraus. Die Deutschen denken immer noch, Rechte werden ihnen vom Staat gewährt. Aber das stimmt nicht. Der Staat muss sie nur schützen.»

Diese Deutschen sind echt stark. Selbst beim Thema Sex, Liebe und Flirten suchen sie sich Erklärungen aus dem Bereich der Philosophie, und die sind sogar überzeugend. Beeindruckend.

«Was heißt das für unser Thema, die deutsche Frau?», fragte ich Jo.

«Um dir das Recht herauszunehmen, Sex zu haben, muss es dir eigentlich jemand geben. Das hast du nicht einfach. Sex muss gerechtfertigt sein. Zum Beispiel, weil man sich schon zum dritten Mal getroffen hat. Diese Situation erzeugt genug Rechte, um viel Spaß erlauben zu dürfen. Oder man ist vollkommen betrunken und ist deshalb nicht mehr schuldfähig.»

Die kulturellen Unterschiede beim Flirten sind in diesem Zusammenhang schreiend. Das Spaßhaben der Deutschen steht unter einem Erlaubnisvorbehalt, das Spaßhaben der Franzosen steht unter einem Verbotsvorbehalt.

Das High-Heels-Problem

Wenn es nur um Erlaubnis gehen würde. Aber dann kommt noch die Moral ins Spiel und das betrübliche Verhältnis zum Sexysein, das ebenfalls problematisch ist. Das erste Mal, dass ich das gestörte Verhältnis der deutschen Frau zu ihrer Weiblichkeit zu spüren bekam, war in einem Gespräch mit einer Kollegin.

Nina war Anfang dreißig. Ihre stillvolle Art, sich zu kleiden, konnte einen nicht gleichgültig lassen. Man merkte, dass sie auf ihr Outfit achtete, auf eine originelle und sehr persönliche Weise. In einem Satz: Sie war bei sich, ohne der Mode hinterherzulaufen. Das erfreut die Augen, zumindest meine.

«Ma chère, du siehst heute wieder einmal posh aus», sagte ich ihr bei Gelegenheit.

«Danke», antwortete sie dann mit einem kleinen Blitzen in den Augen. Endlich ein Mann, der ihr verstecktes modisches Talent zu schätzen wusste.

Zu meinem allertiefsten Bedauern musste ich aber auch feststellen, dass sie ihre sehenswerten Ensembles stets mit den hässlichsten Schuhen zerstörte, die es überhaupt gab. Diese Tatsache erfüllte mich mit einem maßlosen Unverständnis, ja sogar Traurigkeit. Kein Tag verging, ohne dass sie total unsexy, langweilige, charakterlose, unförmige Schuhe trug. Die einfach nur dazu gedacht waren, den Fuß vor dem Boden zu schützen.

Als ich zwanzig war, hatte mir einmal eine Kommilitonin am Ende einer Vorlesung gesagt: «Hey, ich mag deinen Stil ... aber diese weißen Socken ... wie kann man nur ... das geht doch gar nicht.» Dazu hatte sie mir einen desolaten Blick zugeworfen und war einfach wieder gegangen. Ich hatte mir bis dahin nie Gedanken über meine Socken gemacht. Noch am selben Abend kaufte ich mir zehn Paar schwarze Socken und schmiss alle weißen weg. Am nächsten Tag trug ich meine neuen Socken. Ich stellte mich vor meine Modeheldin und zog meine Hose nach oben:

«Und?»

«Besser», sagte sie grinsend, mit sichtlicher Genugtuung.

So lernte ich, auf Details zu achten, die alles ändern. Meiner Kommilitonin sei für diese Lektion auf ewig gedankt (Nein, Hannah und ich haben kein Verhältnis gehabt).

Ich wollte diese Erfahrung an meine deutsche Kollegin Nina weitergeben. Der Anblick ihrer Unschuhe war zu schmerzhaft. Es gab dringenden Handlungsbedarf.

«Ich muss dir leider sagen, dass deine Schuhe eine Beleidigung deines guten Stils sind», sagte ich ihr deshalb irgendwann kopfschüttelnd. Sie hatte es geschafft, dieses hochsexualisierte Kleidungsstück zu vernichten, statt es zu zelebrieren. Ich musste an den Satz einer Französin denken, die lange Zeit in Deutschland gelebt hatte: «Es wäre falsch zu behaupten, dass die deutschen Frauen zu ihrer Weiblichkeit nicht stehen. Die deutschen Frauen *zerstören* ihre Weiblichkeit.» Ich selbst war von ihrer harten Aussage überrascht. Nun hatte ich vor meinen Augen einen Beweis dafür.

«Deine Schuhe würden eine ganz andere Sprache sprechen, wenn sie keine Schnürsenkel und dafür hohe Absätze hätten», sagte ich. «Und ich will gar nicht von diesen abgerundeten Spitzen reden.»

Letzteres war ihr offenbar zu viel. «Was? Ich trage doch keine High Heels!», antwortete Nina empört. «Ich bin ja keine Nutte!»

Ich wusste es. In Deutschland spaziert jeder Mensch mit einer kleinen Über-Ich-Wolke über dem Kopf durch die Gegend. Und wenn es um Sex geht, dann regnet es gewaltig.

Das war schon wieder eine Anti-Franzosen-Antwort. Diesmal benutzte die Täterin die Moralkeule. Ganz übel. Ich war sehr erfreut zu erfahren, dass meine Exfreundinnen offensichtlich alle Nutten waren, bloß weil sie gerne Pumps trugen. Als ob der Verzicht auf elegante Schuhe ein Indiz von Tugend und Treue wäre.

Warum sind Männer so auf hohe Schuhe fixiert? Warum ist jeder von uns ein potenzieller Schuh- und Fußfetischist? Die erste und triviale Antwort, und sie stimmt, lautet, dass hohe Schuhe den Gang und die Haltung der Frau auf eine Weise ändern, die ihre Kurven unterstreicht. Die Beine werden länger, die Brust zeigt nach vorne und das Hohlkreuz verstärkt sich. Die sekundären Geschlechtsmerkmale der Frauen treten daher in den Vordergrund, was den sexbesessenen Mann erfreut. Diese Interpretation stimmt, wie schon gesagt, sie ist aber unzureichend. Es gibt einen weiteren Grund, der aus meiner Sicht viel stärker ist.

Hohe Schuhe drücken nicht nur Weiblichkeit aus, sie drücken auch die Bereitschaft der Frau aus, zu ihrer Weiblichkeit zu stehen und sie zu akzeptieren. Die Betonung der Weiblichkeit unterstreicht wiederum das Gefühl der Männlichkeit beim Mann. Kurzum: Es schmeichelt seinem Ego. Dazu kommt noch, dass viele Frauen, die High Heels tragen, genau wissen, welchen Effekt diese Schuhe bei der Männerwelt hervorrufen. Sie fühlen sich attraktiver, weil sie mit hohen Schuhen anders gehen. Sie wissen, dass sie damit ihre Macht erhöhen. Und wer selbstbewusst auftritt, ist auch attraktiver. Diese Regel gilt für Frauen genauso wie für Männer.

Wir Männer sind ja bekanntermaßen nur ein Penis. Den haben wir im Kopf, ständig, und während wir in der Gegend herumlaufen, schwingt er frohgemut in unserem Gehirn hin und her. Hätte jeder Mann eine Glocke am Hals, wie die Kühe in den Bergen, die jedes Mal «Gling-gling» macht, wenn sein kleiner Penis im Köpflein wedelt, weil eine attraktive Madame in seinen Aktionsradius getreten ist, wäre das irdische Leben ein riesiges Glockenkonzert.

In dieser Gling-gling-Welt spielen die Schuhe eine wesentliche Rolle. Die männliche Interpretation «Schuhe gleich Weiblichkeit gleich Sex» agiert wie ein Retrofeedback, das sich direkt im Testosteronspiegel des Gling-gling-Mannes niederschlägt und ihn in Alarmstufe drei versetzt, sodass es überall in seinem Köpflein nur noch klingelt. Sein Zustand gleicht nun demjenigen von Tex Averys Wolf im Trickfilm *Swing Shift Cinderella* oder in *Red Hot Riding Hood*. Hätte er einen Hammer, würde er sich damit dreimal auf den Kopf schlagen, zum Mond fliegen und die Backsteinwand wie eine Pappwand durchlaufen.

Wie ging die Szene mit Nina zu Ende?

«Wie traurig», antwortete ich. «Jede Frau will doch einmal die Rolle einer Nutte spielen, hat Gene Tierney gesagt. Und sie war eine durchaus erzkonservative Frau.» Damit konnte ich sie aber wenig überzeugen. Ob sie heute High Heels trägt? Es würde mich überraschen.

Wenn ich diese Geschichte erzähle, muss ich immer auch an eine andere kleine Szene denken, die eigentlich dieselbe Botschaft vermittelt.

Das Dekolleté-Problem

Ich fuhr einmal nach Köln. Ich hatte dort ein Date. Das Internet macht's möglich. Sie war dreißig, und wir spazierten an einem schönen Endsommertag durch die Stadt auf der Suche nach einer Location mit möglichst viel Sonne. Ihr tief ausgeschnittenes Kleid mit schwarzem Gürtel fiel auf eng anliegende Jeans, dazu trug sie schwarze Pumps. Sie trat selbstbewusst auf – ich habe es immer gemocht, neben einer selbstbewussten Frau zu laufen. Man registriert in so einem Moment die meisten Avancen anderer Frauen, die dieses Selbstbewusstsein unmittelbar wahrnehmen. Diese kleine Beobachtung am Rande erklärt, warum die Geschichte der Affäre sich ewig fortsetzen wird – wir verbuchen den größten Erfolg, wenn wir vergeben sind.

Während wir also auf der Straße liefen, bemerkte ich, dass viele Frauen, die uns entgegenkamen, einen Blick auf meine Begleiterin warfen, in dem ein gewisser Neid zu erkennen war.

«Ist dir aufgefallen, dass du häufig angeschaut wirst?», fragte ich Krystina. Sie hieß Krystina. Mit y.

«Wieso?»

«Ja, merkst du gar nicht, dass du ständig angeschaut wirst? Und nicht nur von Männern, sondern auch von Frauen!»

Das Kompliment schien ihr zwar zu gefallen, doch sie errötete leicht. Gleichzeitig zog sie verschämt ihr Kleid nach unten und nestelte an ihrem Ausschnitt herum. Dabei war das Dekolleté absolut in Ordnung. Nichts, was man unanständig nennen konnte. Aber so selbstbewusst war sie dann doch nicht.

Damit haben wir etwas Wesentliches entdeckt. Ich begegne in deutschen Großstädten oft stilvollen Frauen, deren Charme und Eleganz nicht zu übersehen sind. Eins ist jedoch auffällig und für mich die Erklärung, warum man es in Frankreich anders wahrnimmt, wenn eine Frau einen schönen Rock trägt: Die Französin steht zu ihrer Weiblichkeit. Französinnen sind femininer, weil sie sich mit mehr Selbstbewusstsein kleiden und ihre Kleider mit einer gewissen charmanten Leichtigkeit tragen, die ihnen diesen Glamour verleiht.

Diese Weiblichkeit, oder besser gesagt, dieses Verhältnis zur Weiblichkeit, fehlt der deutschen Frau. Es gibt genauso viele schöne Frauen jenseits und diesseits des Rheins. Das ist gar keine Frage. Aber die einen stehen zu ihrer Weiblichkeit, die anderen nicht.

Das Dekolleté-Problem ist allerdings nur das Symptom eines tieferen Übels. Dies besteht darin, dass die Deutschen tatsächlich glauben, dass ein Flirt und eine Begegnung zwei verschiedene Sachen sind. Ein überaus bedauerliches Missverständnis. Wenn ich in Frankreich eine Frau treffe, spreche ich sie an und flirte dabei leicht. Tue ich das Gleiche in Deutschland, bin ich ein Schwein, das eine Ausrede sucht, um die Frau ins Bett zu kriegen.

Als ich das Problem mit Steffi diskutierte, fragte sie mich: «Woran liegt es, dass dieses Spiel zwischen Männern und Frauen in Frankreich besser funktioniert? Wie macht man das in Frankreich?»

«Es ist ganz normal, dass ich das Gespräch irgendwann sexualisiere», erklärte ich ihr. «Fabrice Luchini ist einer der berühmtesten Schauspieler in Frankreich. Der Mann ist einfach genial. In einer Talkshow sagte er einmal: ‹Ich mag Frauen. Sie haben alles. Die Intelligenz und die Körperlichkeit. Mit den Frauen ist das Gespräch sexualisiert. Wenn es nicht sexualisiert ist, dann ist es ein bisschen langweilig.› Damit hat er alles gesagt.»

«In Deutschland dagegen besteht immer ein Wunsch nach

Neutralität», sagte Steffi. «Männer und Frauen kommunizieren verkrampft miteinander. Sie vermasseln es einfach, das ist leider so. In Frankreich würde niemand auf die Idee kommen, mit einer Frau zu quatschen, um sich hinterher mit ihr zu verbrüdern, oder?»

«Also, wenn ich an mich denke ... Jedes Mal, dass ich eine Frau auf einer Party oder so angesprochen habe, wollte ich auch etwas von ihr. Die anderen habe ich ignoriert.»

«Das heißt, beim Kennenlernen schwingt immer eine sexuelle Komponente mit?»

«Klar. Das ist es, was mich am meisten überrascht, wenn ich mit einer deutschen Frau rede. Sie geht nicht davon aus, dass man mit ihr flirtet. Sie erwartet es gar nicht. Deshalb ist der Franzose komplett verwirrt. Entweder schnallt es die deutsche Frau gar nicht, oder sie wirft es einem vor, wenn man flirty ist.»

«Man könnte sagen, die Deutschen und die Franzosen treffen sich am gleichen Ausgangspunkt», resümierte Steffi. «Aber in Deutschland, statt mit Komplimenten und Aufmerksamkeiten zu flirten, geht es in die Planung. Wahrscheinlich aufgrund von Kommunikationsschwierigkeiten und Verunsicherung dem anderen Geschlecht gegenüber. So wird eine romantische Verabredung im Park zu einer Fußballsession. Auch ein Abend im Freiluftkino mit ungewissem Ausgang wird der Vorliebe für den *Tatort* am Sonntagabend geopfert. Meistens, um dem Nachhausebringen, dem anschließend herumdrucksenden Stehen vor der Eingangstür und der Frage nach einem Kuss aus dem Weg zu gehen: die leidige Bemühung um Neutralität.»

Das Neutralitäts-Problem

Neutralität. Als ob es Neutralität zwischen Mann und Frau geben könnte. In diesem Zusammenhang muss ich von einer Begegnung erzählen, die mich heute noch verfolgt.

Ausstellungen sind tolle Orte, um Frauen kennenzulernen. Noch besser ist eine Vernissage oder Finissage. Ihre ausgewählte Gesellschaft gibt einem das latente Gefühl, zu einer Gruppe zu gehören. Was wiederum gute Voraussetzungen für unverbindliche Gespräche schafft – *et plus, si affinités*. Meistens sind auch die Menschen, denen man in der Kunstwelt begegnet, experimentierfreudig. Des Öfteren aber auch total verrückt.

Ich war in Brüssel zu Besuch bei einem Freund, der Künstler ist und seine Foto-Ausstellung in einer Galerie eröffnete. Manchmal übersieht man eine interessante Frau, weil man zuerst dummerweise von der Erscheinung einer anderen geblendet wird. Das hat mit männlicher Oberflächigkeit zu tun – aber Frauen sortieren genauso wie Männer aus. «Ja», «Ja», «Nein», «Never ever», «Oh, la, la», «Sofort» usw. sind die geheimen Sprüche, die wir uns selbst sagen, wenn wir nach dem anderen Geschlecht Ausschau halten.

Ich unterhielt mich mit meinem Freund, als ich eine schlanke langhaarige Blondine erblickte, die ein rotes rückenfreies Kleid trug. Wie gewagt. Obgleich mir die Blondine auch aufgefallen war, weil sie mich an die Schauspielerin Jodie Foster in jungen Jahren erinnerte. Auch wenn ich schon erwähnt habe, dass Gene Tierney meine große Leinwandliebe ist, muss ich gestehen, dass ich Gene manchmal untreu gewesen bin. Sie weiß es nicht, aber ich hatte eine furchtbar leidenschaftliche Affäre mit Natalie Wood, deren überwältigende Schönheit ich in *West Side Story* entdeckte. Später war ich auch mit Sophia Loren liiert und

Juliette Binoche. Mit Juliette war es kurz, aber stürmisch. Im Augenblick habe ich ein Verhältnis mit Nadja Uhl. Sie ist einfach bezaubernd. Von Köpenick bis heute – die Ostdeutschen haben etwas, was die Westdeutschen nicht haben.

Nun, Pech gehabt: Die Jodie Foster mit dem roten Kleid war langweilig bis zum Einschlafen. Ich verabschiedete mich diskret, ging zum Buffet, suchte die kleinen Tomaten und die Oliven, drehte mich um – und eine kurzhaarige Brünette mit wunderschönen Rehaugen stand hinter mir. Wie aus dem Nichts heraus.

«Die Oliven sind köstlich. Ich kann sie dir nur empfehlen», sagte ich, noch einen Olivenkern im Mund. Ich duzte sie direkt – so viel hatte ich inzwischen gelernt. Wir begannen, uns über die Fotos zu unterhalten.

Sie hieß Jasmin. Je länger ich sie beobachtete und mit ihr redete, desto mehr entdeckte ich ihren Charme. Sie hatte wunderbar glänzendes schwarzes Haar. Ich bin ein Haarfetischist. Die Genetik hat frühzeitig meine Haarpracht geklaut, sodass ich äußerst empfindlich auf alles reagiere, was Haare angeht.

«Weißt du was? Du hast wirklich phantastische Haare.» Das musste ich einfach loswerden.

«Du kennst dich aus», sagte Jasmin lachend.

«Absolut, und ich kann dir sagen: Wenn man solche Haare wie du hast, dann ist es eine Sünde, sie so kurz zu tragen.»

«Ja, ich weiß, alle Männer stehen auf Frauen mit langen Haaren», sagte sie mit müdem Ton.

«Wie lange brauchst du, um die Haare bis zu den Schultern wachsen zu lassen?»

«Ich würde mal sagen, sechs bis acht Monate.»

«Und bis hier?» Ich legte meine Hand auf ihre Hüfte.

«Vier Jahre.»

«Okay, dann sehen wir uns in vier Jahren wieder, und dann werden wir ernsthaft über eine gemeinsame Zukunft reden.»

«Aber es ist so mühsam, sie zu pflegen. Es dauert ewig, bis sie trocken werden.»

«Ich halte dir den Föhn.»

«Das Problem liegt woanders, mit der Länge werden die Spitzen fragiler.»

Irgendwie treffe ich ständig Frauen, die Probleme mit Spitzen haben, dachte ich. Schuhspitzen, Haarspitzen ... Ich verbiete mir aus evidenten Gründen jegliche psychoanalytische Interpretation.

«Hast du nie von Jojobacreme gehört?», fragte ich.

«Ja, aber eigentlich will ich sie nicht lang tragen.»

«Du willst mich traurig machen.»

«Nein. Ich will nicht als Frau wahrgenommen werden, sondern als Person.»

Wer solche Sätze hören will, muss mit deutschen Frauen reden. Da stand vor mir eine wahrhaft schöne Frau, die ihre Weiblichkeit im Namen der Gleichberechtigung vertuschte. Ihre wunderschöne schwarze Haarpracht hatte sie auf eine *coupe à la garçonne*, einen Pagenkopf, reduziert. Nicht aus ästhetischen Gründen. Mit langem Haar würde sie eine Sinnlichkeit ausstrahlen, die sie offenbar gar nicht verkraften könnte. Sie trug zudem einen Pulli, der ihre Rundungen versteckte und sie auch ein bisschen dick machte. Und eine unförmige Jeans, zur Sicherheit – man könnte ja auf ihren Po gucken.

Als ich feststellte, wie viel Mühe sie sich gab, um ihren Wunsch nach sexueller Neutralität zu erfüllen, konnte ich sie nur noch bewundern. So viel Aufwand, um sich zu verunstalten, nur weil sie eine schöne Frau ist, die nicht auffallen will. Ich muss oft an Jasmin denken – kapieren kann ich es heute immer noch nicht.

Ironischerweise hatte ich kurz vorher in Paris eine Ausstellung über Brigitte Bardot besucht – vielleicht wurde ich deshalb dermaßen von Jasmins Satz erfasst. Das Bild, das Bardot von einer Frau gab und gibt, scheint in Deutschland noch nicht angekommen zu sein.

Ich habe schon die Ähnlichkeiten und die Differenzen zwischen Claudia Schiffer und Brigitte Bardot erwähnt. Vielleicht sollte ich das hier kurz vertiefen. Bardot war die Egeria der sexuellen Befreiung, das Sexsymbol der sechziger Jahre, «der Traum jedes verheirateten Mannes», wie ihr erster Mann Roger Vadim sagte. Sie hat ihre betörende Schönheit und Sinnlichkeit ausgelebt und sich ihre Affären nach Lust und Laune ausgewählt. Sie hat sich wie ein Mann benommen, ohne Rücksicht darauf, was man über sie denken würde. Nackt lümmelte sie sich am Strand von Saint-Tropez, in einer Zeit, wo das noch skandalös war.

Womit sie den Unterschied zwischen deutschen und französischen Frauen auf den Punkt bringt. Wie viel mehr verkörperte, ja, genau das ist das richtige Wort, glaube ich, wie viel mehr verkörperte Brigitte Bardot als Claudia Schiffer. Brigitte Bardot hat in ihrem Leben einfach nur das getan, was sie wollte. Die Fotos zeigen oft einen Verehrer, der sehnsüchtig nach ihr blickt, während sie woandershin guckt. Wie Serge Gainsbourg, der viele ihrer schönsten Chansons komponiert hat. «Ich gebe mich dem hin, der mir gefällt», singt Bardot. Ein gutes Resümee ihrer Vita.

Es kommt nicht von ungefähr, dass alle Frauen wie Bardot aussehen wollen. Nicht weil sie schön war, zumindest nicht nur. Sonst würden auch alle wie Claudia Schiffer aussehen wollen. Sondern weil Bardot diese Leichtigkeit gegenüber dem Leben, diese Unbekümmertheit vermittelte. Wie sie selbst schrieb:

«Man muss von den guten Dingen profitieren, nichts bedauern oder bereuen, geradeaus sehen und die Frechheit haben, zu sich zu stehen.»

Ich hätte gern mit Jasmin die erste Szene von Jean-Luc Godards Films *Le Mépris (Die Verachtung)* gesehen. In dieser Szene liegt Bardot nackt auf dem Bett und befragt ihren Mann Paul (Michel Piccoli) über alle Teile ihres Körpers. Im Hintergrund die Musik «Camille» von Georges Delerue. Das Ganze ist aus meiner Sicht eine der schönsten Liebeserklärungen der Kinogeschichte.

«Siehst du meine Füße im Spiegel?»

«Ja.»

«Findest du sie schön?»

«Ja. Sehr.»

«Und meine Knöchel – magst du sie?»

«Ja.»

«Magst du sie auch, meine Knie?»

«Ja. Ich mag deine Knie sehr.»

«Und meine Oberschenkel?»

«Auch.»

«Siehst du meinen Hintern im Spiegel?»

«Ja.»

«Findest du ihn schön, meinen Po?»

«Ja. Sehr.»

«Und meine Brust. Magst du sie?»

«Ja, wahnsinnig.»

«Was hast du am liebsten: Meine Brust oder meine Nippel?»

«Ich weiß nicht. Das ist dasselbe.»

«Und meine Schulter. Magst du sie?» (Lange Kamerafahrt über den Körper von Brigitte Bardot, vom Kopf bis zu den Füßen und wieder zum Kopf.)

«Ja.»

«Ich finde, sie sind nicht rund genug. Und meine Arme? Magst du sie?»

«Ja»

«Und mein Gesicht?»

«Auch.»

«Alles? Meinen Mund, meine Augen, meine Nase, meine Ohren?»

«Ja, alles.»

«Also liebst du mich vollkommen.»

Ich warte immer noch auf eine Mademoiselle hierzulande, mit der ich diesen Dialog nachspielen könnte. Ich fürchte, ich kann noch lange warten. Ein bisschen mehr Bardot-Attitüde, ein bisschen weniger Schiffer-Pose, das wäre so mein Vorschlag für die deutsche Frau. Was halten Sie davon?

Über das Flirten und andere Straftaten

*D*ank meiner bisherigen Begegnungen mit den deutschen Frauen habe ich viel gelernt – über mich: Ich bin ein Zuhälter, weil ich finde, High Heels stehen ihr gut, ich bin ein Frauenfeind, weil ich nicht verstehe, warum sie sich ihre Haare kürzer schneiden lassen will, ich bin ein Elender, weil ich frage, ob der Platz neben ihr frei sei, und ich bin ein Unverschämter, weil ich anzüglichen Humor mag.

Ich habe auch gelernt, dass es falsch ist, eine Frau ins Restaurant einzuladen, falsch, ihr die Tür aufzuhalten, und falsch, ihr in den Mantel zu helfen. Aber manchmal wiederum doch nicht. Und schenkt man einer Frau Champagne, denkt sie, man erwarte als Gegenleistung Sex. Was für eine verzerrte Vorstellung des Verhältnisses zwischen Mann und Frau. Wenn mir eine Frau gefällt, und ich sage erst mal gefällt, dann sollte das Beste gerade genug sein.

Woran liegt es, dass das Flirten hierzulande eine so geringe Akzeptanz genießt? Woher diese Verkrampftheit, diese Verklemmung? Was ist eigentlich so schlimm an der ganzen Sache? Ich habe mich noch nie so viel mit dem Flirten auseinandergesetzt, wie seitdem ich in Deutschland bin. Natürlich habe ich das vorher in Frankreich auch getan, aber mich beschäftigten ganz andere Fragen. Aus dem taktischen Bereich, würde ich sagen. Nach dem Motto, was muss ich tun, um an diese schöne Mademoiselle heranzukommen? Dabei hatte ich nie den Eindruck, fehl am Platz zu sein, allein weil ich mit ihr flirten wollte. Und wenn es nicht funktioniert, muss man weiterziehen –

sometimes you win, sometimes you lose. Auch andere Mütter haben schöne Töchter, wie es auf Deutsch so schön heißt. Ein Spruch, den die Deutschen selber nicht beherzigen. Denn hier wird einem nur eins signalisiert: Es ist falsch zu flirten. Oder anders gesagt: Wenn man ins Gespräch mit einer jungen Dame kommen will, auf keinen Fall sprechen. Wenn man eine schöne Frau sieht, auf keinen Fall hingucken.

Das klingt wie die Geschichte mit dem Schauspieler, der sich bei seiner Partnerin vor der Nacktszene entschuldigt. Für den Fall, dass er eine Erektion bekommt. Und für den Fall, dass er keine Erektion bekommt.

Wie schaffen es die deutschen Männer bloß, deutsche Frauen anzusprechen, ohne gleich eine Abfuhr zu bekommen?

Ich will versuchen, das Thema «Flirten in Deutschland, eine Mission impossible» einmal halbwegs halbwissenschaftlich zu erörtern.

Es gehört zur sexuellen Arbeitsteilung, dass der Mann den Hof macht und die Dame entscheidet, ob sie das Hofieren annimmt oder nicht. Überall gibt es diese spielerische Einstellung zwischen Mann und Frau – «ich-weiß-dass-du-weißt-dass-ich-weiß-dass-du-weißt», dieses «nudge-nudge» der Engländer oder diese *grivoiserie* der Franzosen. In Deutschland hat man dafür «Häh?». Denn die deutsche Frau, statt mitzuspielen, denkt nach. Natürlich denken alle Frauen dieser Welt nach, aber die deutsche Frau denkt noch weiter nach als nach. Bevor sie überhaupt zu flirten beginnt, sucht sie schon nach einem Weg, wie sie dieser Situation entfliehen könnte. Das trägt nicht besonders dazu bei, den Flirt angenehm zu gestalten. Im Gegenteil, das ist der beste Weg, ihn in Verkrampftheit zu stürzen.

Die deutsche Frau ist von der Flirtsituation und von ihren eigenen Gedanken über diese Situation überfordert. Weil sie nicht weiß, was sie will, was von ihr erwartet wird, soll sie rumtanzen, soll sie rumknutschen, «Huch», «Häh», «Das ist mir zu doof», «Was will der von mir?», «Er will etwas von mir!», «Zu mir oder zu dir?», «Was hindert mich?», «Was sollte mich hindern?», «Aber vielleicht wollte er nur ...?», «Oder ...?» All diese Fragen geistern ihr im Kopf rum – und das alles gleichzeitig.

«Wenn ich in einer Situation bin und merke, da flirtet einer mit mir, dann werde ich unsicher und hab keine Ahnung, wie ich mich verhalten soll», erzählte mir eine Freundin. «Ich wurde angesprochen, er signalisiert sein Interesse – und dann? Was tue ich, was will ich überhaupt? Will ich mit ihm rumknutschen oder ihn mit nach Hause nehmen? Wie kommt es dazu, dass man sich küsst, wer macht den ersten Schritt? Vor allem, wenn ich diese Person gar nicht kenne, es irgendein Typ ist, den ich gerade erst kennengelernt habe? Dann werde ich panisch und schau nicht mehr hin. Hier lernt man das nicht. Ich habe es jedenfalls nicht gelernt.»

All diese Fragen könnte man mit einem Zauberstab löschen. Mit zwei Worten: *«Et alors?»*

«Die Hoffnung stirbt bekanntlich zuletzt. Bei der deutschen Frau stirbt sie zuerst», resümierte Sophie, die ich intensiv zum Thema befragte, dieses Phänomen. Wie bereits erwähnt, ist Sophie neben Steffi meine zweite Insiderin in Sachen deutsche Frau. Sophie könnte eine Coaching-Agentur gründen, sie würde den Markt in kürzester Zeit erobern. Das Geschäft interessiert sie aber nicht, dafür ist sie viel zu kreativ veranlagt. Von ihrer Beratung profitieren also nur Freunde. Sophie war Punk, Hausbesetzerin, Künstlerin, Magazingründerin, Tussi und ist jetzt bürgerlich. Wenn sie etwas über Frauen und Männer sagt, hat sie immer recht.

«Die deutsche Frau geht immer erst mal davon aus, dass eine spontane Begegnung überhaupt nicht positiv enden kann», sagte Sophie weiter.

Daher auch die fehlende Leichtigkeit, die ich bei der deutschen Frau so schmerzlich vermisse. Die Leichtigkeit, die Coolness, von der das Flirten lebt, ist der deutschen Frau meistens fremd. Sie verwechselt Leichtigkeit allzu oft mit Leichtsinnigkeit, und letztlich mit leicht zu haben.

«Uns Deutschen fällt es schwer, uns locker zu machen», erklärte Steffi, «weil uns an jeder Ecke ein Standard suggeriert wird. Deshalb geht eine gewisse Leichtigkeit verloren. Das beginnt schon beim Ansprechen. In Frankreich hast du ‹Bonjour, Mademoiselle›, in Italien ‹Ciao Bella›. Das kannst du sagen, und niemand versteht es falsch. Im Deutschen hast du nichts, was du hinterherrufen kannst, wenn du jemanden toll findest. Wie die Frauen denken auch die deutschen Männer zu viel und halten sich lieber zurück, bevor sie etwas falsch machen. Es gibt hier einfach keine Flirtkultur.»

Ich habe mir schon gedacht, dass der deutsche Mann am seltsamen Verhalten der Frauen hierzulande nicht ganz unschuldig ist. Aber bevor ich mich mit dem deutschen Mann auseinandersetze, muss ich erst mal wissen, was das bedeutet, es gibt keine Flirtkultur.

«Es gibt nichts, was du locker anbringen kannst», sagte Steffi weiter. «Man sucht ständig nach Anknüpfungspunkten. Du musst dir immer eine Strategie ausdenken, wie du an jemanden herankommst. Das macht natürlich alles verkrampfter. Das liegt vor allem an den deutschen Männern, die nichts Kreatives sagen», seufzte sie.

Ob in Deutschland, in Frankreich oder irgendwo – der Mann muss sich immer eine Strategie ausdenken, um an eine Frau heranzukommen. Wie den Humor, zum Beispiel. Flirten und Humor sind untrennbar, beide funktionieren nach den gleichen Gesetzen. Flirten ohne Humor heißt Vorstellungsgespräch. Humor und Flirten bestehen darin, eine Distanz zur Realität zu schaffen, die Realität zu verzerren. Indem ich flirte, schaffe ich einen neuen Raum, ein künstliches Dazwischen, in das ich meine Partnerin verführe. Ausgerechnet dieser neue und unbekannte Raum ist der deutschen Frau höchst unangenehm. Sie muss wissen, ob sie sich in einer Flirtsituation befindet oder nicht. Es ist mit dem Flirt wie mit dem Humor. Der Deutsche muss wissen, ob er lachen darf. Unter der Rubrik «Satire» ist alles möglich, aber was, wenn nicht «Satire» darübersteht? Flirten findet in Deutschland einfach prinzipiell so nicht statt, sondern darf nur in bestimmten Situationen mit klarer Ansage geschehen.

Erneut muss ich Madame de Staël lesen, um zu verstehen, was im Deutschland des 21. Jahrhunderts passiert.

«Jamais un Allemand ne peut arriver à cette brillante liberté de plaisanterie. La vérité l'attache trop, il veut savoir et expliquer ce que les choses sont (...) La philosophie épicurienne ne convient pas à l'esprit des Allemands; ils donnent à cette philosophie un caractère dogmatique, tandis qu'elle n'est séduisante que lorsqu'elle se présente sous des formes légères – Niemals gelingt einem Deutschen diese glänzende Freiheit der Pläsanterie. Die Wahrheit beschäftigt ihn zu sehr, er möchte wissen und den Dingen auf den Grund gehen. Die epikureische Philosophie passt nicht zum Geist der Deutschen. Sie verleihen dieser Philosophie einen dogmatischen Charakter, obgleich sie verführerisch ist, nur wenn sie sich in leichter Form präsentiert.»

Stichwort «Wahrheit». Auch ein wichtiges Konzept, wenn man sich mit dem Flirten beschäftigt. Denn ein weiteres Hindernis einer unverkrampften Flirtkultur ist das Verhältnis der

Deutschen zur Wahrheit. Flirten hat wenig mit Wahrheit zu tun. Flirten bedeutet, mit Mehrdeutigkeiten zu spielen, zu tricksen, dem Gegenüber viel und gleichzeitig wenig zu sagen. Genau das ist ein Problem. «Trickser mögen wir nicht», erklärte mir ein Freund ein bisschen selbstironisch. «Wir brauchen das Wissen, dass alles so gemeint ist, wie es gesagt wurde. Wir sprechen darüber, was das Brot kostet, und stecken uns entsprechend viel Geld in die Tasche. Wir vereinbaren, wann wir uns treffen und richten unseren Tagesplan darauf aus. Und wir versuchen herauszuhören, ob die Dame auf Freundschaft aus ist oder auf eine langfristige Bindung. Der Antwort entsprechend wird das Gespräch geführt. Selbstverständlich gehen wir davon aus, dass der andere mit sich geklärt hat, was er will. Das Gespräch selbst ist nur die abschließende Vereinbarung. Jemand zu etwas zu überreden widerspricht unserer Vorstellung von Seriosität. Man könnte uns vorwerfen, wir hätten die Dame hinters Licht geführt. Das geht nicht, so wollen wir uns nicht sehen. Da verzichten wir schon lieber auf Sex und Affären. Und hadern und warten.»

Den letzten zwei Sätzen schenke ich wenig Glauben, aber dem, was davor steht, durchaus. Man müsste eigentlich in den Bars eine Flirtzone einführen. Mit dem Schild, hier darf man anbaggern. Da würde sich die deutsche Frau in Sicherheit fühlen und könnte sich psychologisch auf das Flirten vorbereiten.

«Diese Räume sind die Raucherzonen», sagte mir Christoph, mit dem ich stundenlang über dieses heikle Thema diskutierte. «Da hat man ein Verbindungsmittel, man kann ein kleines Gespräch führen, und es dauert nur eine Zigarette lang. Danach ist man raus, vielleicht ergibt sich eine zweite Situation, eine Stunde später. Die begrenzte Zeit spielt eine wichtige Rolle. Wenn es nicht geklappt hat, dann ist es nicht schlimm, man muss eh gehen. Man muss nicht fliehen, weil es ein anstrengendes Flirten war, sondern man muss gehen, weil man zu Ende geraucht hat. Das klappt bei der Arbeit, in den Bars, in den Flughäfen ... Ich glaube, der Deutsche braucht zum Flirten eine Situation, in der er sich nicht bloßstellt, mit einem anderen zu reden, und eine ganz einfache Exit-Möglichkeit besitzt, die schon von Anfang an vorhanden ist. Davon bräuchten wir ein paar Räume mehr.»

Ich würde Christophs Beobachtung mit der sozialen Kontrolle in Verbindung bringen, die überall spürbar ist. Ein klassisches Beispiel dafür ist das Warten an der roten Ampel als Fußgänger, obwohl kein einziges Auto fährt. Ich gebe mein Bestes, um mich generell den deutschen Sitten anzupassen, aber das Warten an der roten Ampel ist mir schlicht unmöglich. Ich wurde dafür bereits dreimal von der Polizei angehalten – zugegeben, jedes Mal freundlich und didaktisch. Ich solle an die Kinder denken. Dagegen musste ich mir mehrmals von normalen Bürgern böse Kommentare anhören. Den peinlichsten Kommentar bekam ich von einer jungen Frau, Mitte zwanzig, die mir «Kein Vorbild, kein Vorbild, kein Vorbild» zuflüsterte, als ich mein Verbrechen begann.

Nichtsdestotrotz wurde mir anlässlich dieser strafbaren Angelegenheit eine Lektion erteilt, die meine Einstellung dazu änderte. Ich befand mich in Berlin, in der Nähe des Savignyplatzes. In einer kleinen Buchhandlung hatte ich gerade eine Gedichtsammlung von Heine erstanden und las beim Laufen einige Seiten. Aus der Ferne hätte man mich für einen Irren halten können, weil ich allein lachte. Heine ist sehr lustig. Er war ein *coquin* und kannte sich mit Frauen sehr gut aus; man braucht dafür nur seine Gedichte zu lesen.

«Wieso lachst du?», fragte mich auf einmal freundlich ein

Fünfzigjähriger, der aus dem Nichts zu kommen schien. Wir diskutieren. Es stellte sich heraus, dass er Iraner war. Umso mehr diskutieren wir, da ich der persischen Kultur und Sprache höchst zugeneigt bin. Einer ehemaligen persischen Liebe wegen – was denn sonst?

Der Typ hatte eine angenehme philosophische Art, über alles zu reden. Wir kamen an eine Kreuzung, die Straße war leer. Ich ignorierte das Rot und lief weiter.

«Welche Eile!», sagte mir der iranische Philosoph, «es ist doch rot.» Ich dachte, das kann doch nicht wahr sein, dass selbst dieser aufgeklärte Geist von dieser deutschen Krankheit angesteckt ist.

«Ich bleibe doch nicht hier stehen, wenn kein Auto fährt, das ist doch total absurd», sagte ich entschlossen.

«Wieso denn?! Schau mal, während du wartest, kannst du die schöne Architektur dieses Hauses bewundern. Oder deine Aufmerksamkeit dem Gesang dieses Vogels schenken. Oder wir können weiter in Ruhe miteinander sprechen. Siehst du?»

Inzwischen war es grün geworden. Der Typ verabschiedete sich lachend. Großartig. Welche Vorführung. Seitdem, muss ich zugeben, warte auch ich ab und zu bei Rot. Manchmal der Architektur wegen, aber viel häufiger wegen der hübschen Blonden auf der anderen Straßenseite.

Diese soziale Kontrolle schlägt sich natürlich auch in der Flirtkultur nieder. Sie nistet sich in den kleinsten Details ein, ganz unauffällig und doch sehr wirksam. Ziel ist es, wie schon gesagt, alles, was mit Flirten, Anbaggern, Sex zu tun hat, in die Ecke «Falsch» unseres Gehirns einzuordnen. Dafür ist die deutsche Öffentlichkeit sehr einfallsreich.

Ich suchte auf der Seite leo.org die verschiedenen Übersetzungen für *seins*, den Busen. Ohne leo.org hätte dieses Buch stark gelitten, deshalb hier ein bisschen Werbung. Die Forum-Seite bietet dem Nutzer außerdem die Möglichkeit, Redewendungen oder ganze Sätze von der Community übersetzen zu lassen. Ein französischer Nutzer hatte den Satz «*Je me rejoui dejá de voír tes seins.comme ca je vais les toucher et susser ca avec ma bouche*» zur Übersetzung abgeschickt, was etwa «Ich freue mich schon darauf, deine Brüste zu sehen. So werde ich sie berühren und an ihnen saugen» bedeutet. Der französische Originalsatz ist vulgär, bei fast jedem Wort gibt es einen Grammatik- oder Rechtschreibfehler, die Akzentsetzung ist falsch, es gibt keinen Abstand nach dem Punkt, kurzum, das Niveau des Verfassers ist miserabel. Aber das ist an dieser Stelle nicht unser Problem. Sechs deutsche Nutzer haben dem Verfasser geantwortet – keiner hat den Beitrag übersetzt. Dafür konnten sie es sich nicht verkneifen, spitze Bemerkungen zu hinterlassen:

Kommentar 1: Noch eine Nachricht, die ich gern übersetzt hätte.

Kommentar 2: «Seins» ist Plural von «sein». Und auch «sucer» hättest du im LEO-Dictionnaire finden können, wenn dein Freund orthographisch etwas besser drauf wäre ...

Kommentar 3: Schön, dass du dir einen solch sexgeilen Bock geangelt hast. Aber bitte nicht hier im Forum ausdiskutieren, das interessiert echt keinen, ob er deine Brüste ablecken will oder nicht. Hier sind Leute, die ernsthaft Hilfe brauchen.

Kommentar 4: pte question: nur so, geil hat doch immer mit Sex zu tun, oder??(-:

Kommentar 1 (erneut): ja, du hast recht, da braucht jemand Hilfe ...

Kommentar 5: SUPER NIVEAU

Sagenhaft. Weil es mit Sex zu tun hat, gehen die User natürlich davon aus, dass die Bitte nicht ernst gemeint sein könnte.

Selbst Tipps fürs Flirten werden von der Sittenpolizei bewacht. Das ist das feinste Paradox überhaupt. Die Homepage eines bekannten wöchentlichen Magazins veröffentlicht ein Quiz für männliche Leser, die testen wollen, ob sie gut flirten können. Auf die Frage, welchen Cocktail man beim ersten Date nicht bestellen dürfte, erhält man die Antwort: «Sex on the Beach». Ah. Warum? «Die schlüpfrige Anmache ‹Sex on the Beach›, womöglich noch mit obszönen Andeutungen bestellt, ist total abgeschmackt», heißt es in der Quiz-Auflösung. Einen (absolut gängigen) Cocktail namens Sex on the Beach bei einer ersten Verabredung zu bestellen gleicht also einer schlüpfrigen Anmache. So schnell geht das. Dahinter steckt entweder Prüderie, Verkrampftheit oder Sexbesessenheit – mit Flirten hat das jedenfalls wenig zu tun.

Ein letztes Beispiel: die Dessous-Frage. Emilie, eine französische Freundin von mir, hat ein Unternehmen für Dessous gegründet. Sie hat mehrere Jahre für eine bekannte Marke gearbeitet, bevor sie selbst ihre Kollektion entwarf. Der europäische Markt sei trist im Vergleich zum Mittleren Osten, sagte sie mir. Die Engländerinnen sind in Europa die Frauen, die für Dessous am meisten Geld ausgeben, an zweiter Stelle kommen die Französinnen. Die Deutschen sind rote Laterne. «Wenn ich auf einer professionellen Dessousmesse bin, habe ich kaum Kontakt mit deutschen Unternehmen. Die einzige Deutsche, die mich letztes Mal an meinem Stand besuchte, war eine Journalistin», seufzte Emilie.

Das passt ins Bild. Unweit von mir befindet sich ein kleiner Dessousladen. Auf der Schaufensterscheibe steht «Erotik». Der Laden ist diskret, ein bisschen verschämt. Ein Korsett wird im

Fenster ausgestellt, die andere Glasscheibe des Ladens ist weiß gestreift, sodass man nicht in den Laden sehen kann. Ich ging rein. Man findet feine Unterwäsche, Strings, Korsetts, viel Rot, auch viel Schwarz. Warum das ganze als «Erotik» inszeniert wird, ist mir unklar, aber auch deshalb hätte ich keine Lust, dort Dessous für meine Freundin zu kaufen.

Einige Wochen später saß ich auf der Terrasse meines Lieblingscafés in Paris, und mir fiel auf, dass der Laden gegenüber neu eröffnet hatte. Ein Dessousladen. In drei Schaufenstern wurde feine Unterwäsche für Frauen präsentiert. Das Korsett hatte ein ganzes Schaufenster für sich. Der Laden hieß *Elle en rêve* – Sie träumt davon. Das war eigentlich der einzige Unterschied zur anderen Boutique, aber die Wirkung ist eine ganz andere. Ich wünsche mir weniger Boutiquen mit dem Namen «Erotik» in Deutschland und mehr mit dem Namen *Elle en rêve*, die sich nicht dafür schämen, dass sie schöne Dessous verkaufen. Das würde auf Dauer sicher einen positiven Effekt auf das Selbstbild der deutschen Frauen haben und mir vor allem solche Sätze wie den folgenden ersparen, den ich mir unlängst anhören musste: «Bei einem Date trage ich aus Selbstschutz unschöne Unterwäsche.»

Die Lage ist ernst. *Aux grands maux les grands moyens* – Große Übel erfordern starke Mittel. Daher traf ich mich mit Jens Jessen, dem Feuilletonchef der Wochenzeitung *Die Zeit*, damit er mir die historischen Gründe erläutert, die hinter der Misere der deutschen Flirtkultur stecken. Jens kennt dazu noch Frankreich, sodass er für meine vergleichende Studie über deutsche und französische Flirtkultur der perfekte Ansprechpartner ist.

«Jens. Ich versuche, die Haltung der deutschen Frau beim Flirten zu verstehen. Wieso ist in diesem Land alles so kompliziert?»

«Man kann zwar flirten, aber nur sehr kurz», erklärte mir

Jens. «Dann stößt der Flirt auf eine Art Ernsthaftigkeitsgebot, das offenbar leicht verletzt wird, vor allem wenn sich erkennbar auch eine seriöse Beziehung anbahnen könnte, und er stößt auf Misstrauen. Und zwar besonders auf weiblicher Seite, aber manchmal auch bei Männern.»

«Wie lässt sich eine solche fatale Entwicklung aus der Geschichte erklären?»

«Ich könnte mir drei Ursachen dafür vorstellen: Die eine, die am weitesten zurückgeht, die aber eine große Rolle spielt, ist die grundsätzliche Bürgerlichkeit des gesellschaftlichen Lebens. Die höfischen Kulturen waren zwar in allen deutschen Ländern vertreten, gerade wegen der vielen Fürstentümer, aber sie haben niemals als Maßstab für die Bürger gedient. Anders als in Frankreich, wo der Hof der Maßstab schlechthin war und selbst der letzte Krämer in seiner Provinz zwar keine Anschauung davon hatte, aber zumindest Ahnung von den Sitten und Gebräuchen, wie man sich verhalten sollte. Dieser Sickereffekt von oben nach unten ist in Deutschland niemals eingetreten. Im Gegenteil, unter dem Druck ihrer bürgerlichen Umgebung haben sich schon früher, spätestens im achtzehnten Jahrhundert, die erwerbsfleißigen Bürger von der frivolen adligen Umgebung eher abgegrenzt.»

«Der Hof unter Louis XIV war tatsächlich die größte Flirtbörse Europas. Wie gut, dass es zu dieser Zeit keine DNA-Tests gab. Aber welche Rolle spielt die protestantische Einfärbung der deutschen Kultur und Gesellschaft für die Flirtkultur?»

«Dazu kommen wir jetzt. Die zweite Ursache ist in der Tat der Protestantismus, der wegen der Dramatisierung von Innerlichkeit auch eine wichtige Rolle spielt. Gefühle werden nur akzeptiert, wenn sie tatsächlich empfunden werden – und nicht ihre Simulation und das Spiel.»

«Verstehe. Mir ist die Commedia dell'Arte lieber als diese strengen Prinzipien. Aber hier darf ich es nicht zu laut sagen, oder?»

«Na ja, es kommt drauf an. Im Prinzip sollte man auch mit jemandem flirten, den man noch nicht mal sympathisch findet. Das kann ja ein Spiel sein. So was habe ich mal in Italien beobachtet, Flirts, die einen parodistischen Unterton haben. Ein italienischer Freund von mir flirtet manchmal mit Frauen, nur um sie ein bisschen zu ärgern oder sie vorzuführen in ihrer Koketterie.

Der Flirt ist hier nicht vollständig gemeint, läuft in solchem festen Formenmaß, dass die Frau sich nicht entziehen kann. Sie muss da mitmachen und den Ritualen folgen. Das stößt sich natürlich mit dem protestantischen Innerlichkeitsgebot. Dieses Innerlichkeitsgebot hat sich allerdings auch auf die deutschen katholischen Länder ausgedehnt – auch wenn sie es nicht gern hören. Die Mentalitätsunterschiede sind tatsächlich kleiner als die Konfessionsunterschiede.

Der Feminismus hat den Schlussstein des traurigen Gebäudes gesetzt. Der Feminismus ist ideal anschlussfähig sowohl an das Bürgerliche als auch an das Protestantische. Für den Feminismus wird die Frau sozusagen als Mensch nur ernst genommen, wenn man ihr Frausein ausblendet. Wir haben die bürgerlichen Tugendideale, auch die bürgerlichen Tüchtigkeitsideale, die immer zu etwas führen müssen. Es darf kein zweckloses Getue geben; das wäre ganz unbürgerlich und ineffizient. Die Gleichberechtigungsidee, das radikale Republikanische, was dem Feminismus geisteswissenschaftlich seinen Ort gibt, kommt aus dem Bürgertum. Der Feminismus entwickelt sich aus dem Bürgertum. Das Wahrheits-, das Authentizitäts- und Innerlichkeitsgebot des Protestantismus hat auch im Feminismus seine Radikalisierung erfahren. Es gibt immer diesen Betrugsverdacht: Er ist nicht an meiner schönen Seele interessiert, sondern nur an meinem schönen Körper.»

«Innere Werte lassen sich schwer bumsen, wie mir eine Freundin sagte.»

«Klingt überzeugend. Auf jeden Fall sind diese drei Elemente – das Bürgertum, das Authentizitätsgebot und der Feminismus – natürlich in den anderen Ländern auch vorhanden, aber in dieser besonderen, sich gegenseitig verstärkenden Mischung wahrscheinlich vor allem in Deutschland. Und dann würde ich einen vierten Aspekt hinzufügen. Diese Praxis des Flirtens hat auch mit Konversationskultur zu tun.»

«Was meinst du damit?»

«Die Konversationskultur ist zugrunde gegangen aufgrund der extremen Demokratisierung der Gesellschaft. Indem die Leute sich nicht mehr in verschlossenen Milieus begegnen. Früher war es einfach. Die Leute, die man nicht verstehen konnte, kannte man gar nicht. Der Umbruch war in Deutschland viel dramatischer als in Frankreich oder England, weil die Klassen-, Standes- und Milieugrenzen sehr lang unerschüttert waren, viel länger als in Frankreich. Und dann wurden die Milieus plötzlich zusammengezwungen, im Wesentlichen ab 1933. Das war das Sozialistische an den Nationalsozialisten. Während Frankreich viel länger Zeit hatte, sich daran zu gewöhnen, eine gemeinsame Konversationskultur über Klassengrenzen hinweg zu entwickeln, wusste der deutsche Großbürger eigentlich gar nicht, wie man mit einem Kleinbürger redet. Es gab keine gemeinsame Sprache. Natürlich in Frankreich auch nicht sofort, aber dort konnten sie sich entwickeln. Dieses Reden über Milieugrenzen hinweg, das muss überhaupt erst werden. Das ist am Werden, aber jenseits des Flirtens geht man in Deutschland ein großes Risiko ein, da die eine Sache, die man witzig findet, der andere nicht lustig finden könnte. Man muss die Konversationskultur nachholen. Es müssen sich Konversationsregeln über die Bildungs- und Herkunftsschranken hinweg entwickeln. Das ist in Deutschland noch nicht gelungen. Obwohl dieses Land sich demokratisch fühlt, ist es in Wahrheit auf dieser Ebene überhaupt nicht demokratisch. In Frankreich wird der Bankier keine Schwierigkeiten haben, mit einem Ladenmädchen zu flirten. Das würde hier nie funktionieren. Nie.»

«Vielleicht ist diese Erklärung der Grund, warum mir ein Freund einmal sagte, die Deutschen seien ein kommunikationsgestörtes Volk. Aber das würde jetzt zu weit gehen. Müssen wir die deutsche Frau umprogrammieren, sodass sie endlich mal Komplimente akzeptiert? Es ist ja so, dass ein Blick oder eine Ansprache, die andernorts als Kompliment aufgenommen werden würde, hier von einer Frau oft gleich als Zudringlichkeit, als Belästigung empfunden wird.»

«Sie akzeptiert schon Komplimente, aber dieses Kompliment muss einen ungeheuren Umweg gehen», sagt Jens. «Die Einstiegshürde ist unendlich hoch. Da spielt wiederum in einer ganz verqueren Weise dieses deutsche Effizienzdenken eine Rolle. Das gibt es nicht nur als Zielbestimmung, sondern auch als Effizienzvermutung, um nicht zu sagen Effizienzbefürchtung. Diese Effizienzbefürchtung, dass ein Mann nicht nur einen Flirt sucht, sondern ohne Umschweife ins Bett gehen will. Das Ergebnis ist folgendes: Natürlich wird geflirtet, das ist eine Konstante, aber dieser Flirt wird gezwungen, maskiert aufzutreten. Mann und Frau flirten typischerweise unter der Maske eines normalen Fachgesprächs. Sie unterhalten sich über die Papierbeschaffung oder über den Bleistiftmangel im Büro, oder sie führen ein wissenschaftliches Gespräch, das eigentlich gar kein wissenschaftliches Gespräch ist. Masken müssen aufgesetzt werden. Diese Masken machen die Sache oft sehr schwerfällig.»

«Absolut. Ich erinnere mich an eine Szene im ICE, wo ein Typ versuchte, mit einer hübschen Demoiselle zu flirten, samt Diskussionen über ihre O-Saft-Packung und die Visitenkarte von Koreanern. Dieses Ich-weiß-dass-du-weißt-dass-ich-weiß-dass-du-weißt ist hier überhaupt nicht vorhanden. Dazu kommt noch der kumpelhafte Ton zwischen den Geschlechtern, denn man darf auf keinen Fall das Gespräch sexualisieren.»

«Das ist ganz ausgeschlossen», bestätigte Jens.

«Kann man Deutschland überhaupt helfen?», fragte ich.

«Unser Gespräch lebt von einer Unterstellung: Dass eine Flirtkultur wünschenswert sei. Wir wissen aber nicht, ob die Deutschen sich das überhaupt wünschen.»

«Allerdings. Mittlerweile bin ich mir nicht mehr sicher, ob es hierzulande überhaupt ein Bedürfnis nach Weiblichkeit, Glamour und dementsprechend nach Flirten gibt. Dabei gibt es so viele Schönheiten, die potenziell glamourös flirten könnten. Was in Deutschland passiert, ist wahre Verschwendung. Mir liegt der Verdacht nahe, dass sich die Deutschen eigentlich mit dieser Verkrampftheit abgefunden haben. Auch wenn die deutsche Frau ständig klagt, dass die deutschen Männer nicht flirten können. Kann es sein, dass in jeder deutschen Frau eine Mini-Alice-Schwarzer schläft, wie mir ein Freund sagte?»

«*Mon cher*, ich habe mit Alice Schwarzer ein dauerhaftes Flirtverhältnis, die allerdings sehr gut flirten kann. Ich kenne sie seit langem. Die ganze Zeit spielt sie damit. Wir treffen uns vielleicht ein- oder zweimal im Jahr. Wenn wir uns sehen, machen wir uns wahnsinnige Komplimente, wir holen uns eine Flasche Wein, wir gehen auf den Balkon, und das Ganze ist ein großartiges Spiel, für das Alice Schwarzer sehr begabt ist.»

Alice Schwarzer kann flirten! Das sind natürlich Breaking News, wie man im journalistischen Jargon sagt. Es gibt also Hoffnung.

Flirten hat aber auch mit dem Selbstbild zu tun, wie sich die Frau selbst wahrnimmt. Da gibt es auch Verbesserungs- und Nachholbedarf. Inzwischen hatten sich zu unserem Gespräch Carolin, eine Freundin, und meine Insiderin Sophie dazugesellt.

«Ich glaube, deutsche Frauen sind es nicht gewöhnt, dass Männer ihnen das Gefühl geben, sie seien eine Frau», sagte Carolin. «Außerdem glaube ich, dass ein Großteil der deutschen Frauen für sich noch gar nicht definiert hat, was es heißt, Frau und begehrenswert zu sein.»

Sophie ist in dieser Hinsicht noch radikaler. «Die deutsche Frau genießt es nicht, versteht es nicht, dass es ein Genuss ist, sich als Frau zu fühlen», sagte sie. «Unsere 68er-Mütter haben jeden Tag erzählt, die Bedrohung sind die Männer. Bedrohung von was denn? Die Männer wollen uns alles wegnehmen. Weil sie ihre Männerwelt behalten wollen. Da haben wir gedacht, o mein Gott, es stimmt. Böse, böse Männer. Was ist dann passiert? Die Frau ist vom schlimmsten Super-GAU ausgegangen: Ich finde keinen Mann. Dann ist es egal, dann bin ich selber einer, ich schneide mir selber die Haare ab. Dann fahre ich allein nach Afrika oder nach Indien usw. Und vor lauter Verzweiflung lesen sie diese ganzen Brainwash-Bücher *Hey fühle dich besser mit ...*, *Geh den Jakobsweg*, *Atme dich mit dem linken Bein frei*.»

«Emanzipation ist hier ein Schimpfwort. Die emanzipierte berufstätige Frau in Deutschland hat kurze Haare, ist unsexy und kleidet sich in einen Kartoffelsack. Die emanzipierte berufstätige Frau in Frankreich trägt ein enges schwarzes Kostüm, die Haare sind schön, und sie hat etwas Geheimnisvolles. Hier ist die emanzipierte Frau einfach nur froh, dass sie keine Latzhose anhat.»

«Ich kenne viele Akademikerinnen, die recht schlecht angezogen sind und ein Leben von munterer Promiskuität führen», intervenierte Jens. «Bei denen ist offenbar die Kleidung die Maske. Die Maske, unter der sich ein höchst munteres Leben verbirgt. Umgekehrt: Würden sie sich nicht maskieren, wären die Männer vielleicht eingeschüchtert und würden sich nicht trauen, sie anzusprechen. Aber weil sie unglückliche Schuhe tragen und andere unvorteilhafte Dinge, scheinen sie dem Mann leichter zugänglich, und sie kommen dadurch leichter an einen Liebhaber ran.»

Durch unförmige Kleidung einen Mann besser angeln können – auf die Idee muss man erst mal kommen. Das ist wie beim FKK. Die Nacktheit als Schutz gegen die Sexualität. Höchst effizient. Nichts ist unerotischer als ein nackter Körper an einem Strand.

«Es wird langsam besser», sagt Sophie weiter, «aber wir haben als Frau keine Vorbilder. Wir hatten noch nie so tolle Frauen wie Catherine Deneuve.»

Ah, Catherine. Wo ist die deutsche Catherine Deneuve? Wieso ist die schönste und beste Schauspielerin Deutschlands nur eine normale Schauspielerin – und kein Star? Wieso ist meine geliebte Nadja Uhl kein Star? Wieso ist sie keine *femme fatale*? Vielleicht will sie ja auch kein Star sein, aber das ist erst mal nicht das Problem. Ich will Nadja Uhl als Star! Die einzige Deutsche – oder Österreicherin, je nachdem –, die ein Star war, ist Romy Schneider. Und wer hat sie zur Ikone gemacht? Bingo. Der Franzose. Nennen Sie mir bitte eine berühmte deutsche Frau, von der alle deutschen Männer träumen und mit der alle deutschen Frauen sich identifizieren wollen. Eine Frau, die ich anhimmeln würde. Genau. Mir fiel auch niemand ein. Doch, Nadja. Wenn es keine Frau als Projektionsfläche sowohl der weiblichen als auch männlichen Phantasie gibt, wie soll es da erst im Alltag mit dem Flirten aussehen? Wenn ich daran denke, würde ich behaupten, dass die Frau in Deutschland überhaupt nicht zelebriert wird.

Apropos Kino. Der Titel dieses Buches ist eine Anspielung auf den Film *Zur Sache, Schätzchen*, der mir mehrmals von deutschen Freunden als kultig beschrieben wurde. Er wurde 1967 gedreht, also zur Zeit der *Nouvelle Vague*-Bewegung in Frankreich. Daher erwartete ich eine ähnliche Art, das Thema Männer und Frauen abzuhandeln, die man bei den Filmen der *Nouvelle Vague* ungefähr so resümieren könnte: Sie weiß nicht, ob sie ihn liebt, oder den anderen. Also schläft sie mit beiden.

Aus diesem Grund war ich gespannt und versprach mir viel von *Zur Sache, Schätzchen*. Der Film fängt gut an. Und dann? Nichts. Kein einziger Kuss. Es gibt keine einzige Szene, in der der Fummler Martin und die wohlhabende Studentin Barbara sich küssen. Ein Film der 68er, der Zeit der sexuellen Revolution – und nicht einmal eine Kussszene. Dafür einen Striptease von Uschi Glas in einer Polizeiwache. Gewiss eine gewagte Szene zu dieser Zeit. Am Ende des Films bringt der Fummler Martin die schöne Barbara zu sich nach Hause. Sie legt sich auf sein Bett, während er ihr eine Szene vorspielt. Sie findet die Szene amüsant, aber man liest schon in den Augen der jungen Dame: Wann küsst mich dieser Idiot endlich? Aber nein. Er kommt zu ihr, sie liegen auf dem Bett – und was tut er? Er zeigt ihr sein selbstgezeichnetes Daumenkino. Dann die heißeste Szene überhaupt. Er zieht vorsichtig ihren BH-Träger runter und lehnt seinen Kopf an ihre Brust, wie das Kind an die Brust der Mama.

Das war der deutsche Kultfilm der 68er.

Das Genre hat sich inzwischen weiterentwickelt. Heute gibt

es die Liebeskomödien mit Til Schweiger. Harmlos sind sie immer noch. Sie stärken aber das verkrampfte Bild zwischen Männern und Frauen, wo letztlich alles aus der Männerperspektive gesehen wird.

An einem Sommerabend stehe ich mit einem Bekannten, einem Franzosen, draußen vor einer Bar. Eine hübsche dreißigjährige Blondine kommt zu uns, fragt nach Feuer und hört, dass wir französisch sprechen. Wir kommen ins Gespräch, sie hat in Frankreich studiert. Sie ist Ossi. Ihr Verhalten ist cool, unverkrampft, angenehm, witzig, leicht flirty. Unglaublich. Wunderbar. Das weckt eine gewisse Komplizenschaft zwischen uns. Es ist einfach ein schöner Moment, und es macht Spaß. Sie könnte eine heiße Kandidatin für die deutsch-französische Liebe sein. Und plötzlich fragt sie, ganz ernst, ohne irgendein Zeichen von Ironie: «Baggerst du mich etwa gerade an?»
     Hurra – ne, doch nicht.

Sex im Land der Besucherritze

*M*eine ersten Annäherungsversuche mit der deutschen Frau waren in der Tat ernüchternd. Ob mein Ansatz vielleicht von vornherein auf einem Irrtum beruhte? Warum sollte es die deutsch-französische Liebe überhaupt geben, wenn schon die deutsch-französische Freundschaft eine große Lüge war? Wenn auch eine notwendige Lüge, damit unsere beiden Völker endlich einmal aufhören, sich zu bekriegen. Bislang hat sie übrigens sehr gut funktioniert – zum Bassin d'Arcachon an der atlantischen Küste fahren die Deutschen heute nur noch mit Autos.

Sollte ich also schon jetzt aufgeben? *Au revoir Hambourg, bonjour Paris?* Nein. Ich bin schließlich nicht der Typ, der an die Liebe auf den ersten Blick glaubt. Und auch nicht auf den zweiten. Die deutsch-französische Liebe, wie alle anderen, braucht Zeit. *Paris ne s'est pas fait en un jour* – Paris wurde nicht an einem Tag erbaut. Also kein Grund zum Verzweifeln, alles wird zu seiner Zeit kommen.

Und siehe da. Eines Tages begegnete ich Jessica.

Jessica

Ich würde sagen, Jessica war zuerst ein optischer Schock. Wir haben uns über Nils, einen gemeinsamen Freund, kennengelernt. «Wir treffen uns um 19 Uhr in der X-Bar, es kommt, wer will», hatte Nils gemailt. In diese Bar mit orangefarbenen Tapeten trat sie in einem weißen Kleid mit feinen schwarzen Streifen. An der Tür standen in dem Moment nur dunkel angezogene

Leute, sodass sie allein durch den Kontrast der Farben auffiel. Aber nicht nur deshalb. Sie hatte einen Haarschnitt à la Kleopatra und sah wirklich wie die gezeichnete Kleopatra in *Asterix und Kleopatra* aus – nur dass sie blond war.

Sie begrüßte Nils, der sie mir vorstellte, und setzte sich neben mich. Auf diese Weise kamen wir direkt ins Gespräch, sodass die erste Annäherungsphase des Flirtens, die nicht immer einfach ist, auf natürliche Weise übersprungen wurde. Ich mochte ihr Parfum, kein süßes, rosa eingefärbtes, vulgäres Parfum, sondern diskret und doch mit starker Persönlichkeit. Um ihren Hals trug sie ein sehr schönes Collier mit elfenbeinfarbenen Perlen unterschiedlicher Größe, die das perfekte Bindeglied zwischen ihrem Kleid und ihrer Kleopatra-Frisur darstellten. Als wäre das Collier nur für sie gemacht.

«Dein Collier steht dir gut», sagte ich Jessica.

«Danke. Ich mag es sehr.»

«Und wie viele Elefanten sind dafür gestorben?»

«Nashörner, mein Lieber. Es waren Nashörner. Du kennst dich wirklich null aus», sagte Jessica, mit gespielter Empörung.

Ich hatte schon immer ein Faible für schlagfertige Frauen. Jessica war witzig, geistreich, provokant. Wir verbrachten einen großen Teil des Abends zusammen. Es gibt Menschen, bei denen man intuitiv weiß, dass man sich verstehen wird. Jessica gehörte zu dieser Kategorie. Vielleicht erzeugt dieses Gefühl mehr Selbstvertrauen, was sich wiederum in der Art niederschlägt, wie man sich gegenüber der Gesprächspartnerin benimmt und wie man mit ihr kommuniziert. Dementsprechend reagierte sie ebenso positiv und gelassen, was den ersten Eindruck bestätigte. Self fullfilling prophecy oder nicht, die Chemie stimmte, wie man sagt.

Obwohl Jessica bildhübsch war, hatte sie einen Minderwertigkeitskomplex: Sie fand sich mit ihren 1,59 Meter zu klein. Es ist erstaunlich, wie Leute, die alles haben, oft unter etwas leiden, das von anderen als irrational oder irrelevant wahrgenommen wird. Ich konnte Jessica noch so oft sagen, dass ihre Größe jedem Typ egal sei, dass Marilyn Monroe genauso klein war und Penelope Cruz bei 1,65 Meter gipfelte, es tröstete sie nicht. «Männer finden Giraffen total unattraktiv!», versuchte ich sie zu überzeugen. Es half nichts.

Ich muss aber gestehen, dass ich Jessicas Bedenken nachvollziehen konnte. Ich treffe hierzulande ungefähr jeden dritten Tag eine Frau auf der Straße, die größer ist als ich. Jedes Mal eine andere. Mein innerer Macho musste schon viel einstecken. In der Pariser Metro passiert mir so etwas fast nie – und wenn ja, ist sie eine Touristin. Auf meine Frage, wieso die norddeutschen Frauen alle potenzielle Basketball-Spielerinnen seien, antwortete mir eine dieser Gigantinnen mit der Gegenfrage, wieso die französischen Männer denn so klein seien.

Nach jenem Abend in der X-Bar mailten Kleopatra und ich uns regelmäßig. Zehn Tage später lud mich Nils zu einem Abendessen mit Freunden ein, zu dem auch Jessica kam. Ich vermute im Nachhinein, dass er uns mit Absicht nebeneinander platzierte, denn ich hatte ihm von meinem uneingeschränkten Interesse an Jessica erzählt. Auf jeden Fall sehr geschickt von ihm, ich erkenne da Nils' Feinfühligkeit. Ich kann es nur immer wieder betonen: Ein guter Freundeskreis ist die beste Voraussetzung für ein aktives sexuelles Leben.

Jessica und ich setzten unsere flirtige Unterhaltung sogleich fort.

«Wo ist Ihr Collier, Madame?»

«Ich habe ein Moratorium unterschrieben.»

«Gegen Elfenbeinschmuggel?»

«Genau.» Jessica lachte.

«Das ehrt dich», sagte ich ihr. «Aber bist du noch Jessica ohne Collier?»

«Es gibt viele Jessicas in mir», sagte sie ganz verführerisch.

«Stellst du sie mir vor?»

«Das lässt sich bestreiten», sagte Jessica weiterspielend.

Unter dem Tisch berührten sich mehrere Male wie zufällig unsere Beine. Man nennt das auch *foot flirting*. Körperlichkeiten sagen mehr als viele Worte. In der Öffentlichkeit ein spielerisches Geheimnis mit einer Frau zu teilen ist ein starkes erotisches Gefühl. Die Gäste lachten und sprachen viel, und währenddessen hatten wir Beinberührungen. Man kann nie jung genug bleiben. Irgendwann verlor Jessica ihren Schuh, sodass sie direkt mit ihrem Fuß mein Bein streichelte. Nicht schlecht, dachte ich mir. Um ihr Signal zu erwidern, drehte ich mich zu meinem Nachbarn auf der anderen Seite und sprach mit ihm, als ob nichts wäre – und legte im gleichen Moment mein Hand auf Jessicas Bein.

Wir verabschiedeten uns von Nils. Kaum schloss sich die Lifttür, begannen wir, uns heftig zu küssen. Der Fahrstuhl ist der Ort sexueller Phantasien schlechthin, aber es wäre verfrüht gewesen, wilde Stellungen zwischen dem 3. und 4. Stock auszuprobieren. Im Erdgeschoss angekommen, fragte ich Jessica, ob sie mit zu mir kommen mochte. Nein, Jessica wollte nicht mit zu mir: «Nicht am ersten Abend.» Sie sei allerdings nicht besonders zufrieden mit ihrem Leben, fügte sie hinzu, und mit vierunddreißig habe sie es satt, «Spielchen zu spielen». Sie wolle mehr als eine weitere Affäre ohne Zukunft.

In diesem Augenblick wäre es kontraproduktiv gewesen zu insistieren – auch ihr gegenüber zuzugeben, dass ich sie höchstens auf achtundzwanzig geschätzt hatte. Ich sagte Jessica, ich würde mich unter der Woche bei ihr melden. Diese Lösung schien ihr zu gefallen.

Einige Tage später rief ich sie an.

«Was machst du heute Abend?»

«Ich gehe zu einem Treffen mit Arbeitskollegen, aber wir können uns danach sehen, wenn du willst.»

«Natürlich will ich das.»

«Es könnte aber spät werden.»

«Egal. Ruf einfach an, wenn du fertig bist.»

Um ein Uhr Nachts wurde ich aus meinem Halbschlaf geweckt. «Kann ich bei dir vorbeikommen?»

Was für eine Frage! Ich gab Jessica meine Adresse. Wow. Sie hatte doch noch angerufen. Um ein Uhr nachts. Schön, geistreich, sogar frech – das sprach alles für wunderbaren Sex, worauf ich kaum noch warten konnte.

Sie brauchte etwa zwanzig Minuten, aber es waren gefühlte zwanzig Stunden vergangen, als Jessica an der Tür klingelte. Wir versanken sofort in einer Kussszene à la Scarlett und Rhett. Nachdem unsere *Gone with the Wind*-Sequenz zu Ende war, ließ ich Jessica auf meine Füße steigen und brachte sie in mein Schlafzimmer.

Es gibt zwei Arten, eine Frau auszuziehen. Entweder zerreißt der Mann ihr die Kleidung in einem Moment von überwältigender Leidenschaft, oder er zieht sie langsam, gefühlvoll und sinnlich aus. Alles andere deutet auf langweiligen Sex hin. Oft klagen Frauen, dass das Vorspiel nicht lang genug dauert. Im deutschen Sexreport 2008 wünschen sich die Frauen mehr als fünfzehn Minuten Vorspiel, die Männer nur zehn Minuten oder sogar weniger. Und damit ist gemeint, wenn beide schon nackt sind. Das Vorspiel beginnt aber viel früher, mit dem Ausziehen, und eben dies ist eine Kunst. Wie man eine Frau gefühlvoll, sinnlich und männlich entblättern soll, hat Juliette Gréco bereits 1967 in ihrem Chanson «Déshabillez-moi» besungen. Sie spricht einen Liebhaber an und erklärt ihm, wie er sich benehmen soll. Jeder Mann sollte dieses Lied einmal gehört haben, und jede Frau sollte es dem Mann einmal vorgespielt haben.

Mit «Déshabillez-moi» im Kopf zog ich Jessica zu mir und fing an, ihr schwarzes Hemd aufzuknöpfen, sie weiter küssend. Jessica aber nahm meine Hände, behielt sie in ihren Händen und fragte mich, wie mein Tag gewesen war. *Tiens?* Eine unerwartete Haltung. Sexhungrig sah anders aus, aber vielleicht wollte Jessica nur die Vorfreude verlängern? Wie entzückend.

«Ich habe zwei Seiten von meinem Buch geschrieben, habe sie heute Abend wieder gelesen und alles gelöscht. Ein normaler Tag. Und bei dir?»

Jessica war sehr gesprächig. Sie erzählte über ihren Abend mit den Kollegen. Bald kannte ich sie alle, worüber ich mich freute, auch wenn sie im Augenblick nicht meine erste Priorität waren.

«Blablabla ... mein Boss ... blablabla ... das Team ... blablabla ... eingeladen ... blablabla ... war ok, aber ... blablabla ... die blöde Kuh ... blablabla ... totgelacht ... blablabla ... und dann ... blablabla ... sechstes Bier ... blablabla ... hat er angefangen ... blablabla ... und dann sagte Tina ... blablabla ... geht gar nicht ... blablabla ...»

Langsam fragte ich mich, ob Jessica überhaupt Sex haben wollte. Ich machte gute Miene zum bösen Spiel und unterstützte ihren Monolog mit kurzen Kommentaren wie «Ach so?», «Echt?» oder «Krass». Ich versuchte auch, ihre Brust zu streicheln, die mir bereits am ersten Abend aufgefallen war, aber Jessica schob meine Hände sanft und entschlossen weg. Keine Chance. Es war zwei Uhr nachts, und sie redete weiter.

Wie merkwürdig. Bei Nils hatte sie auf beste Weise die Initiative ergriffen; nun, als wir auf meinem Bett lagen, war sie scheu und zurückhaltend. Dabei sollte sie sich wohl fühlen. Ich beschwor die James-Bond-Frage, um die Situation zu entspannen.

Wenn ich bei Sophie Rat suche, weil ich mir nicht sicher bin, wie ich bei einer Frau handeln muss, fragt mich Sophie: «Alain, was würde James Bond tun?» Und meistens kommt die Antwort von allein. «Was würde jetzt James Bond tun?» ist die einzige Frage, die sich ein Mann stellen sollte, wenn er vorhat, eine Dame zu erobern. Sophie erklärt, warum: «James Bond verknüpft vieles miteinander. Er ist höflich, er ist smart, geschmackvoll, er hat Humor, ist sehr männlich und trotzdem total leidenschaftlich. Er ist eine Utopie, der man sich langsam annähert. Niemand ist wirklich so. Er macht alles mit Instinkt, er denkt nicht darüber nach, was er tut. Er hat Intuition. Er hat Erfolg. Warum hat er bei den Frauen so viel Erfolg? Weil er selbstbewusst ist. Warum ist er selbstbewusst? Weil er sich ständig bestätigt fühlt. Weil er mutig ist. Im Endeffekt ist James Bond mutig.»

Die James-Bond-Frage funktioniert immer. Mit «funktioniert immer» meine ich nicht, dass man damit jede Frau ins Bett kriegt. Ich meine damit, dass diese Haltung es einem ermöglicht, nichts zu bereuen, was man sich vorgenommen hat. *Mieux vaut des remords que des regrets*, lieber bereuen als bedauern – das wichtigste Gebot, wenn man sich in eine Frau verguckt.

Ich sprang vom Bett auf, ging in die Küche und kam mit einer Flasche Weißwein und zwei Gläsern zurück. Chablis Premier Cru statt Wodka Martini. Die französische Variante von James Bond. Jacques Bond, wenn man so will.

«Sorry, Jessica, ich hätte dir schon früher etwas anbieten sollen.»

«Danke, ich hätte lieber Weißweinschorle.»

Welche Plage, diese Weißweinschorle. Ob die letzte Tussi oder die anspruchsvollste Madame – sie mögen alle dieses erbärmliche Getränk.

Der Wein wirkte, leider aber nicht mit dem gewünschten Effekt. Jessica redete noch mehr. Es lief der Abspann, und sie laberte immer noch. Alles klar. Die James-Bond-Technik war gescheitert, versuchten wir es mit Kultur. Das tut der Franzose nur, wenn er verzweifelt ist – und der Franzose ist oft verzweifelt.

Ich machte Musik an und lege die Platte von Juliette Gréco auf.

«Was singt sie?», fragte mich Jessica.

«Das ist das Chanson ‹Déshabillez-moi› – sie spricht einen Mann an und erklärt ihm, wie er sie auskleiden soll. Du brauchst nur nachzusingen, und ich werde genau tun, was du sagst», antwortete ich lächelnd. Dabei versuche ich ein zweites Mal, ihr Hemd aufzuknöpfen.

Déshabillez-moi, déshabillez-moi
Oui, mais pas tout de suite, pas trop vite
Sachez me convoiter, me désirer, me captiver
Déshabillez-moi, déshabillez-moi

«Also eigentlich hast du mich nur hierher eingeladen, um zu vögeln», sagte Jessica, nachdem ich ihr alles übersetzt hatte.

«Ja. Aber nicht nur. Ist das verwerflich?»

«Ich dachte, die Franzosen wären echte Romantiker.»

«Romantiker sind furchtbar.»

«Romantik ist doch das Schönste, was es gibt!», empörte sich Jessica.

«Findest du die Chansons von Gréco nicht schön?»

«Du bist wirklich wie alle anderen Männer, du bist nur an dem einen interessiert!»

Ich hatte diesen Satz schon länger nicht mehr gehört.

«*Chérie*, entspann dich. Es ist nur Sex.»

«Ich wollte mit dir reden», sagte sie.

Wäre Jessica Mae West, hätte sie die Auswirkung ihrer Schönheit auf meinen sexuellen Zustand bemerkt. «Ist das eine Pistole in deiner Hose, oder freust du dich nur, mich zu sehen?» ist einer der genialsten Sprüche der amerikanischen Schauspielerin, der damals die ganze Männerwelt zu Füßen lag. Ich würde einer Frau, die mir eine solche Frage stellt, lebenslange Treue schwören. Was ausgerechnet eine solche Frau nie hören wollen würde. *Le monde est mal fait.* Aber wenn Mae West am Nordpol ist, dann ist Jessica am Südpol. Schade. Jessicas Scharfzüngigkeit in der Öffentlichkeit hatte mich so gereizt. Ich konnte ja nicht ahnen, dass sie das genaue Gegenteil in privater Sphäre war.

Es gibt Win-Win-Situationen, und es gibt Lose-Lose-Situationen. Das ist einfach so. An diesem Abend befand ich mich eindeutig in einer Lose-Lose-Situation. Trotzdem versuchte ich eine Erklärung.

«Jessica, ich würde dir bis ans Ende der Nacht zuhören, wenn wir zusammen wären. Wir sind aber überhaupt nicht zusammen, wir sehen uns heute Nacht erst zum zweiten Mal …»

«Dritten Mal …»

«Okay, zum dritten Mal, und genau aus diesem Grund höre ich nicht zu, weil ich davon ausgehe, dass du mich nicht mitten in der Nacht angerufen hast, um mit mir über deinen Boss, deine Kolleginnen und die blöde Kuh zu sprechen!»

«Warum nicht? Wieso muss man immer gleich Sex haben?»

«Because the night belongs to lovers!»

Es ist zwei Uhr nachts, es ist Donnerstag, und Jessica will reden. Und ich soll dafür Verständnis haben?

«Ich bin enttäuscht», sagte Jessica mit entsprechendem Blick.

Sie legte sich neben mich und machte die Augen zu.

Ich dachte nach.

Eine Frau lag neben mir in meinem Bett, sah super aus, und wir sollten jetzt schlafen. Ohne Sex. Ich konnte meine Gedanken nicht abstellen. Entweder nahm Jessica ein Taxi, oder es würde wild werden. Ich drehte mich zu ihr um, legte meine Hand auf ihr Bein, mit der festen Absicht, sie und diese Nacht noch zu zelebrieren.

Ich streichelte ihre Beine.

Ich habe in einem anderen Leben jahrelang Naturwissenschaft an der Uni studiert. Das nützt mir heute nichts mehr, ich habe aus meinem Gehirn alles gelöscht, was mit dieser Zeit zu tun hatte. Aber es gibt Kenntnisse, die sich trotzdem unwiderruflich im Kopf eingenistet haben. Zum Beispiel, dass wir Menschen Säugetiere sind. Wie unterscheidet man unter anderem ein Säugetier von einem Reptil? Ganz einfach. Säugetiere haben Haare. Reptilien haben keine Haare.

Das alles dachte ich mir, als ich Jessicas Beine streichelte, Jessicas wunderschöne, behaarte Beine.

«Euh … Ja, du hast recht, Sex ist keine Verpflichtung, man kann sich auch ohne sehr gut verstehen. Gute Nacht.»

Dann bin ich sehr schnell eingeschlafen.

Wie kommt man aus einer solchen Geschichte raus? Indem man sich in eine andere stürzt.

Lisa

Lisa habe ich kennengelernt, als ich beruflich unterwegs war. Zu dieser Zeit war sie noch mit jemandem liiert. Wir sahen uns jedoch regelmäßig wieder, und jedes Mal war es klar, dass wir einander zugeneigt waren. Die Erlösung fand an jenem Abend statt, an dem sie eine Party in Berlin in ihrer Wohnung organisierte.

Eine sehr internationale Party. Amerikaner, Schweden, Holländer, Libanesen, Spanier, Japaner, die ganze Welt war zu Gast bei Lisa. Sie hatte an verschiedenen Unis in Großbritannien und Amerika studiert, danach in Singapur gearbeitet.

Lisa kalkuliert nicht. Ihr Leben ist ein Abenteuer. In den zwanziger Jahren hätte sie eine Federboa getragen und mit Zigarettenspitze geraucht. Später wäre sie die erste deutsche Flugpilotin gewesen, die den Atlantik überquert. Im einundzwanzigsten Jahrhundert hat sie ihren Job gekündigt und ein Unternehmen gegründet und damit alle Karten auf den Tisch gelegt. Als ich einmal den Zug verpasste, um sie in Berlin zu besuchen, und ihr sagte, dass ich deshalb 39 Euro verschwendet hatte, abgesehen von der Enttäuschung, sie nicht zu sehen, antwortete sie: «Schade, Alain. Eine Flasche Champagne weniger.»

Ich kam mit einem französischen Freund zu ihrer Party, einem *tombeur* der ersten Stunde, wie man auf Französisch sagt – ein Typ, der allein auf eine Party kommt und zu zweit die Party verlässt. Mit Guillaume verdoppelt sich die Freude des Anbaggerns. Er ist witzig, charmant, ein großer Bierkenner und germanophil, wie fast alle Menschen, die sich für klassische Musik begeistern. Er spricht sehr gut Deutsch. Als er eines Abends geschäftlich in Hamburg war, forderte ihn eine Frau, die er in einer Bar angesprochen hatte, auf, seinen Pass zu zeigen, weil sie dachte, er wäre ein Deutscher, der den französischen Akzent simuliert.

Leider gehen wir viel zu wenig zusammen aus. Wenn wir eine Dame ausgesucht haben und unsere Jagdpläne umsetzen, haben wir einen Riesenspaß. Wie mit Jef damals. Wir hüllen unsere Beute mit den dümmsten Witzen ein. Es gibt Frauen, die das nicht mögen. Egal. Wir praktizieren eine Art darwinistischer Selektion. Die Frauen, die sich unseren Bedingungen anpassen, sind für uns gedacht. Mit dieser Herangehensweise kann man die anspruchsvollsten Frauen kennenlernen, die sich nicht vom Schein abschrecken lassen. Davon existieren viel mehr, als man denkt.

«Guillaume, heute Abend kümmere ich mich ausschließlich um Lisa.»

«Und wo ist sie?»

«Da. Die Blonde. Mit den hochgesteckten Haaren, neben dem Typ mit der Brille.»

«Alles klar.»

«Dein Urteil?»

«Hübsch. Sehr hübsch.»

«Finde ich auch.»

«Gut gewählt.»

«*Merci.*»

«Was macht sie nochmal?»

«Sie hat ein Unternehmen gegründet. Irgendetwas mit Bio.»

«Sie trägt keinen BH.»

«Ist mir auch aufgefallen.»

«Scharf.»

«Hätte ich nicht gedacht.»

«Du stehst auf sie.»

«Brillant von dir. Natürlich stehe ich auf sie.»

«Ne, aber ich merke schon, du bist anders.»

«Man trifft nicht jeden Tag eine Frau, die alles hat. Kopf und Arsch.»

«Ihr werdet schöne Kinder haben.»

«Genau. Ich will nur Töchter.»

«Ich glaube, sie mag Sex.»

«Und ich glaube, ich mag Sex.»

«Du wirst dich mit ihr sicherlich gut amüsieren.»

«Das hoffe ich. Die Letzte war eine Katastrophe.»

«Wie alt ist sie?»

«Dreiunddreißig.»

«Na ja, ihr habt noch ein bisschen Zeit.»

«Wenn es heute Abend schon mal anfinge, hätte ich nichts dagegen.»

«Ich weiß nicht, ob ich nur Töchter möchte ...»

«Doch. Frauen sind viel stärker als wir.»

«Andererseits stellen sie sich mehr Fragen.»

«Das ist der Preis für ihre psychische Überlegenheit. Und wenn sie beim Sex kommen, sind sie auf einem anderen Planeten, und wir können nur zuschauen.»

«Auf Planet X.»

Wir lachten wie Schüler.

Das war die Light-Version unserer männlichen Unterredung. Manche französischen Ausdrücke sind unübersetzbar. Das ist auch besser so.

An diesem Abend brauchte ich Guillaumes Unterstützung nicht. Er schenkte inzwischen seine ganze Aufmerksamkeit einer langhaarigen Brünetten, die bei anderen Gegebenheiten tatsächlich eine heiße Kandidatin für unser Duo gewesen wäre. Lisa und ich suchten uns währenddessen ständig mit den Augen. Nach etwa einer Stunde ging ich zu ihr, als sie mit zwei

Freundinnen sprach. «Alles okay bei dir?», fragte ich und legte meine Hand mit großer Selbstverständlichkeit auf ihren Rücken. Sie lehnte sich an mich. «Alles okay, hoffe, bei dir auch», antwortete sie lächelnd. Ich küsste sie auf den Hals und ging zurück zu Guillaume, der schon längst die langhaarige Brünette unterhielt.

Irgendwann näherte der Abend sich seinem Ende. Guillaume war mit seinem Versuchsobjekt auf eine andere Party verschwunden. Lisas Wohnung sah aus wie jede Wohnung nach einer Party, ein Feld von leeren und halbleeren Flaschen, mit vollen Aschenbechern in jeder Ecke. Kleine Kerzen am Boden leuchteten den Flur und den Salon an. Trotz des Chaos um uns herum war die Atmosphäre höchst romantisch.

Lisa verabschiedete sich vom letzten Gast.

Sie schloss die Tür und drehte sich zu mir um.

«Lass uns noch ein bisschen Champagne suchen. Es ist mir nicht dekadent genug», lachte sie. Lisa führte mich mit einer halbvollen Champagneflasche in ihr Zimmer. Wir fielen aufs Bett, und die aufgestaute Passion entlud sich auf einmal. Ich zerriss ihr Hemd, zog ihre Jeans und ihre Schuhe aus, sie machte dasselbe mit meinem Hemd und mit meinen Jeans, jetzt lagen wir nackt, unser Puls stieg gewaltig, nein, sie hatte noch ihren String an, jetzt nicht mehr, ich war auch nackt, ich küsste Lisa, sie lag auf dem Rücken, nein, ich küsste sie nicht, ich biss sie, jetzt lag Lisa auf mir, oh man, diese Scheißsocken, die hatte ich noch an, *tant pis*, im Rausch der Triebe bei Puls hundertfünfzig pro Minute gibt es Besseres zu tun, als die Socken auszuziehen, ja, aber das war uncool, Füße sind eine wichtige erogene Zone, also zog ich diese Scheißsocken doch aus, jedoch weiter küssend, Socken durften unsere Münder nicht trennen, Lisa, never ever, wir bissen uns in die Zungen, «Du bist verrückt», sagte Lisa, und küsste mich weiter, ja, Lisa, in mir brennt das Plutonium eines AKWs, das ist doch eine schöne Liebeserklärung, wir Franzosen pflanzen AKWs fröhlich fort in der ganzen Welt, aber ich durfte es Lisa nicht sagen, es hätte ihr vermutlich nicht gefallen, sie wollte nur Öko-Strom und aß vegetarisch und bio, ich auch, Lisa, ich esse bio und nur noch Eier mit Kennzeichen 0-DE-xxxx, Lisa, siehst du, wir sind füreinander gedacht, okay, das mit dem AKW nehme ich zurück, das alles wollte ich jetzt Lisa sagen, aber wenn ich ihr sagte, ich bin so heiß wie eine Windturbine, dann taugte das überhaupt nichts, wären die Deutschen nicht so CO_2-freundlich, wäre alles einfacher zwischen uns, Lisa, ich bin heiß wie eine Solaranlage, geht auch nicht, also sagte ich gar nichts und küsste Lisa weiter, wir übten die schlimmsten Sexstellungen, dagegen ist das Kamasutra so harmlos wie Pippi Langstrumpf, ich will mit Lisa drei Kinder, und zwar sofort, wir waren am Rande der Explosion, *Lisa je t'aime.*

Auf einmal zog sich Lisa zurück.

«Stopp!»

Stopp?

«Warte!»

«*Qu'est ce qu'il y a?*», fragte ich, noch außer Atem. In solchen Situationen, in denen es um Leben und Tod geht, kommt die Muttersprache spontan raus. Das ist nicht zu verhindern.

«Bist du okay?», fragte ich jetzt auf Deutsch, obwohl ich immer noch kaum atmen konnte. Es musste etwas Gravierendes geben, wenn Lisa sich ausgerechnet in diesem Moment entschied, die Amouren zu unterbrechen. Ich fürchtete das Schlimmste für meine Geliebte. Ich wollte immer einen Erste-Hilfe-Kurs machen, doch jetzt war es zu spät. Oh Mann. Aber mein Handy war nicht weit weg, Lisa, *ne t'inquiète pas*, die 112 kenne ich auswendig.

«Habe ich dir wehgetan?», fragte ich mit großer Sorge. In meiner Leidenschaft hatte ich den Löwen in mir geweckt. Ich konnte übertrieben haben.

«Nein.»

«Ist dir schlecht?»

«Nein.»

«Hast du Asthma?»

«Nein.»

«Katzenallergie?»

«Nein.»

«Soll ich einen Arzt rufen?»

«Ich muss mir die Zähne putzen.»

Jetzt brauchte ich die 112.

Im Vergleich zu Lisas Satz war die Landung von Apollo XIII im Ozean ein sanftes *Kiss Landing*.

Ich schaute mir die Decke und die Wände von Lisas Zimmer an.

«Was guckst du so?», fragte Lisa.

«Ich suche die Kameras.»

«Du suchst die Kameras?»

«Ja, genau, ich suche die Kameras. Ich muss im falschen Film sein.»

Nachdem ich den Weg zum deutschen Nirvana kurz erblickte, war ich zurückgekehrt in die deutsche Realität.

«Im Ernst, du willst dir jetzt die Zähne putzen?»

«Ja.»

«Konntest du dir nicht einen anderen Moment aussuchen?»

Eigentlich bin ich doch ein Romantiker.

«Nein, sonst werde ich danach keine Lust mehr haben», argumentierte Lisa.

Sie meinte es wirklich ernst.

Ich legte mich auf die Seite.

«*Et alors?*»

«Das ist unhygienisch.»

So antwortet die deutsche Frau auf Passion, Küsse und Liebe mit AKW-Feuer: «Das ist unhygienisch.»

«Ach, ihr Franzosen», sagte Lisa, und bevor ich darauf irgendetwas erwidern konnte, war Lisa aus dem Bett aufgestanden und hatte sich im Badezimmer verschanzt. Die elektrische Zahnbürste spielte die Nachtmusik.

Lisa kam sieben Minuten später zurück.

Ich rieche nach Champagne, sie nach Blendamed.

«So, jetzt können wir uns küssen.»

«Ihr seid wie die Schweizer und die Amerikaner, ihr solltet eigentlich alle in einem Land verschmelzen», sagte ich.

«Nochmal», sagte Lisa, die glaubte, mich falsch verstanden zu haben.

«Du bist vermutlich auch gegen Roquefort, nicht wahr?»

«Gegen Roquefort? Ich mag Roquefort total!»

«Nein, nein, du bist sicher gegen Roquefort, weil Roquefort mit Rohmilch fabriziert wird, und das könnte auch ungesund sein. Das ist wie beim Zähneputzen. Hauptsache alles gesund. Alles schmeckt gleich, alles schmeckt nach gar nichts, aber Hauptsache, das ist gesund.»

«Was redest du für wirres Zeug?! Es gibt jetzt nichts mehr zu sagen, sondern es ist Zeit zum Küssen.»

«Ja, genau das ist das Problem.»

«Wieso ist das das Problem? Willst du mich nicht mehr küssen?»

«Natürlich will ich dich küssen, aber warum muss es eine Zeit fürs Küssen geben, eine Zeit fürs Schlafen, eine Zeit fürs Zähneputzen? Leidenschaft besteht ausgerechnet aus dieser

Verschmelzung der Zeit. Da gibt's keine Ordnung mehr! Das ist die wahre Romantik!», sagte ich, das «das» betonend.

Das Schöne bei deutschen Frauen ist ja, dass man immer inmitten der Nacht tiefgründige Gespräche führen kann.

«Ich mag es, wenn du philosophisch wirst. Das macht dich sexy.»

Lisa kannte die Worte, die zum Versöhnungssex führen.

Danach sagte sie mir: «Du hättest dir auch die Zähne putzen können.»

Und lachte.

Ich erzählte Jo von meinem Berliner Trauma.

«Verstehst du, Jo, dieser Pragmatismus, dieser hygienische Wahnsinn macht mich einfach fertig. Zwischen Sex und Zähneputzen wählt die deutsche Frau das Zähneputzen. Das ist verrückt.»

«Mich hat auch mal eine Frau auf dem Bett zurückgelassen», sagte Jo.

«Das ist doch irre. Sag mal, ist das eine Tradition in Deutschland?»

«Ich fragte sie ‹Wie, jetzt?›. Und sie antwortete: ‹Ich komme gleich wieder›, und ging ins Badezimmer. Ich dachte, in drei Minuten ist sie wieder da, das kann ich noch verkraften. Eine halbe Stunde später kam sie zurück. Sie hatte geduscht, sich die Haare geordnet und sich eingecremt.»

Ich schüttelte den Kopf. Wann wird das deutsche Gemüt verstehen, dass Ordnung in Sachen Sex nur Chaos mit sich bringen kann?

Esther

Esther war aus Nürnberg, lebte aber in Berlin. Sie hatte lange rot-blonde Haare – venezianisches Blond, wie man auf Französisch sagt –, ihre Augen waren braungrün, und einige Sommersprossen schmückten ihre Nase. Sommersprossen fand ich immer attraktiv, genauso wie Linksschreiberinnen. Warum, kann ich überhaupt nicht sagen. Als ich sie zum ersten Mal sah, trug sie schwarze stylische Pumps, eine Jeans, einen dünnen schwarzen Pullover mit V-Ausschnitt und eine taillierte braune Lederjacke. Von der Größe her waren wir fast auf Augenhöhe. Ein Gefühl, das mir sehr gefiel. Eine betörend schöne Frau. Ich hatte sie umgehend in die Kategorie «ja – sofort» eingestuft, auch wenn ihr Stil ein bisschen zu gewollt und sophisticated und nicht genug vintage für meinen Geschmack war. Ein Münchner Verständnis der Mode, würde ich sagen.

Wir haben uns im Flugzeug von Paris nach Berlin kennengelernt. Wir saßen nebeneinander. Sie las *Romeo und Julia* von Shakespeare in einer zweisprachigen Version. Diese Tatsache überraschte mich – sie passte so gar nicht zu dem Bild, das ich mir von ihr in den knapp sechs Sekunden gemacht hatte.

«Exzellente Lektüre. Aber trauriges Ende», sagte ich, als ich über ihre Schulter ins Buch reinschaute. Sie drehte die Augen in meine Richtung.

«Danke, dass Sie mich warnen.» Ihre Stimme klang ruhig und gelassen. Was für eine perfekte Vorleserin sie wäre, dachte ich.

«Gern geschehen. Ich habe auch Taschentücher, falls Ihnen die Geschichte zu schmerzhaft wird.»

«Sehr fürsorglich von Ihnen», lächelte sie und kehrte zurück zu ihrem Buch.

Sie antwortete mit Ironie, sie war überschön, und man lebt

nur einmal: Drei gute Gründe, dass ich mich weiter mit ihr unterhielt.

«Lesen Sie zuerst das Englische und dann das Deutsche oder umgekehrt?»

«Kommt drauf an. Ich springe hin und her.»

«Sind Sie etwa zweisprachig?»

«Leider nein.»

«Und wenn Sie ins Kino gehen, schauen Sie nur Filme im Original?»

«Wenn möglich, immer.»

Alles sprach für sie. Wenn es so weiterging, hatte ich an meiner Seite meine Traumfrau, obwohl ich eigentlich auf Brünette stehe. Es kommt immer anders im Leben, als man denkt.

«Waren Sie übers Wochenende in Paris?»

So begann die Geschichte. Sie erzählte, dass sie als Kuratorin arbeitete und dass sie eine Agentur für Art Consulting gegründet hatte. Sie schien damit erfolgreich zu sein und war deshalb zwischen München, Hamburg und Berlin ständig unterwegs, aber auch im Ausland. Sie hatte auch jahrelang in Italien gelebt. Wir diskutierten während der gesamten Flugdauer. Am Flughafen mussten wir uns trennen. Ich wollte sie unbedingt wiedersehen. Man muss die Gunst der Stunden nutzen, sonst landet man auf irgendeinem Internet-Forum mit «Hey, wir haben uns im Flugzeug gesehen, leider habe ich es nicht gewagt, deine Telefonnummer zu erfragen, Lust auf einen Kaffee?», was an Peinlichkeit nicht zu überbieten ist. Man tut's einfach – oder nie.

«Ich muss Ihnen die Wahrheit sagen. Wenn Sie mir ihre Handynummer geben, rufe ich Sie an», sagte ich.

«Okay», lachte sie. Sie gab mir die Nummer.

«Ist das die richtige oder die falsche?»

«Die richtige.»

Sie ist wirklich perfekt, dachte ich. Die meisten Frauen beschreiben sich als humorvoll, beweisen aber fast immer das Gegenteil. Meine venezianische Blondine hatte Humor und beherrschte dieses spielerische Element, das ich so oft bei deutschen Frauen vermisse. Esther gehörte zum Frauentypus, der stark und unternehmerisch ist, jedoch trotzdem auf klassische Weise verführt werden will. Es dauerte ein wenig, bis wir uns wiedersehen konnten. Wir trafen uns zweimal flüchtig, weil sie jedes Mal nicht viel Zeit hatte. Aber diese zwei kleinen Rendezvous hatten dafür gesorgt, die flirthafte Atmosphäre aufrechtzuerhalten, die sich beim Flug zwischen uns entwickelt hatte.

Eines Tages musste ich für einen meiner Aufträge nach München, und sie war zur selben Zeit auch dort. Wir konnten endlich einen ganzen Abend miteinander verbringen.

Als freier Journalist ist man alles, nur nicht frei. Man ist seinen verschiedenen Auftraggebern ausgeliefert. Und natürlich – das ist das Gesetz der Toastscheibe, die immer mit der Marmeladenseite auf den Boden fällt – musste ich ausgerechnet an diesem Abend für ein französisches Medium einen Artikel über das Fußballspiel der Europameisterschaft zwischen Frankreich und Holland schreiben.

Ich war mir nicht sicher, ob meine Shakespeareleserin mit Münchner Stil sich für Fußball begeistern würde. Ich verfluchte dreimal die Tricolores, die mich womöglich mein Rendezvous versäumen lassen würden.

«Esther, es gibt ein kleines Problem, ich muss über das Fußballspiel Frankreich gegen Holland berichten. Willst du die Partie mit mir sehen?»

«Gern.» Nicht mal eine Sekunde zögern?

«Ich kann nicht anders. Es tut mir wirklich leid.»

«Ich habe in Italien gelebt, Alain.»

Sie mag sogar Fußball! Ich konnte mein Glück kaum fassen.

Wir trafen uns um acht in einem Restaurant, das die Partie übertrug. Ich saß bereits am Tisch und wartete auf sie. Sie erschien gestaltet in Schönheit. Ballerinas, Jeans, ein leichtes weißes Hemd und ein Tuch in den Haaren. Allein mit ihrem Aussehen machte sie meine ganze These über die mangelnde Weiblichkeit der deutschen Frauen zunichte. Warum sind nicht alle deutschen Frauen wie Esther? Warum sind nicht alle Frauen wie Esther?

«Wer spielt nochmal?»

«Frankreich gegen Holland. Die Franzosen sind in Blau, die Holländer in Orange.»

«Die orangen Trikots gefallen mir besser.»

An diesem Abend verlor Frankreich vier zu eins. Seit Zidane sich verabschiedet hat, ist diese französische Elf eine Katastrophe. Bei jeder Partie denkt man, schlimmer geht's nicht, und jede neue Partie zeigt, dass der Niedergang noch weitergehen kann. Der Gipfel der Groteske wurde bei der Weltmeisterschaft in Südafrika erreicht, aber darüber sprechen wir lieber nicht.

Ich kann mich jedoch bei den *Bleus* nie genug bedanken, dass sie an jenem Abend so jämmerlich gespielt haben. Bei jedem Tor gegen Frankreich legte Esther ihre Hand auf mein Bein und seufzte «Oh, du Ärmster», mit einem ironischen Schmollmund, dessen Erotik kaum zu verkraften war. Ich übte mich in Traurigkeit, um diese Emotionen bei ihr weiter hervorzurufen, und wünschte mir insgeheim, dass die Franzosen noch weitere fünf Tore kassierten. Leider blieb es bei vier zu eins Streicheleinheiten auf meinem Bein.

Anschließend spielte sich ein Spiel auf einem anderen Feld ab, das aber schon gewonnen war. Ich erhob mein Glas.

«Willst du auf die Schlappe der Franzosen trinken?», fragte Esther lachend.

«Nein, wir trinken auf Air France, die mir einen Sitzplatz neben deinem geschenkt hat.»

«Dabei wollte ich erst Lufthansa fliegen, aber der Flug war ausgebucht.»

«Dann trinken wir auch auf Lufthansa», sagte ich, und ohne ihre Antwort abzuwarten, näherte ich mich ihren Lippen und küsste sie.

Es folgten Minuten größter Romantik, die ich meiner Leserschaft ersparen werde. Ich bitte um Verständnis.

«Alain, ich muss dir etwas sagen», meinte Esther ungefähr fünf Minuten nach dieser leidenschaftlichen Szene.

«Ja?»

«Ich glaube ... ich bin noch nicht ganz über eine Beziehung hinweg ...», erklärte sie ein bisschen zögernd. Wenn ein Mann eine Frau kennenlernt, sagen wir mal, ab dreißig, gehört dieser Satz zur absoluten Normalität. Ich behaupte sogar, wenn dieser Satz nicht ausgesprochen wird, dann stimmt etwas bei der Frau nicht. Das ist ein universeller Spruch, deshalb muss man ihm keinerlei Aufmerksamkeit schenken.

«Esther, dein Leben vor diesem Abend interessiert mich überhaupt nicht.» Und ich küsste sie nochmal.

«Gehen wir in dein Hotel oder in meins?»

«Wie viel Sterne hat dein Hotel?», fragte Esther.

«Zwei.»

«Drei.»

«Okay, in deins.»

In ihrem Hotelzimmer fragte mich Esther auf dem Bett liegend: «Welche Seite möchtest du?» Interessant. Ich wäre nie auf die Idee gekommen, das zu fragen. «Ich schlafe gern auf der rechten», sagte sie. Jetzt musste ich mich für eine Seite entscheiden. Ist oben eine Seite?, fragte ich mich, sagte es aber natürlich nicht. Selbst Esther traute ich nicht zu, meine *Gauloiserie* zu verstehen. Nach all meinen Erfahrungen hierzulande wusste ich, dass ein Wort genügen konnte, und alles ist vorbei.

Ich zog Esther an mich, umschlang sie, und wir machten auf dem Bett eine Vierteldrehung nach links. Dann eine Vierteldrehung nach rechts, dann wieder nach links, dann wieder nach rechts. Und dann weiß ich nicht mehr, weil ich in ein Loch gestürzt bin. *C'est quoi ce truc??!*, dachte ich. Irgendwas stimmte nicht, die Hälfte meines Körpers war verschluckt worden. Ein Riss verlief zwischen den beiden Matratzen. Das konnte nicht wahr sein. Ich versuchte die Situation zu überspielen, aber mein Bein schlief unaufhaltsam ein.

Esther intervenierte. «Sag mal, alles in Ordnung bei dir?»

Ihr fiel mein komischer Gesichtsausdruck auf. Wenn man versucht, cool zu bleiben, wirkt man meistens total angespannt. «Gefalle ich dir nicht?»

Die schwache Durchblutung hatte verheerende Folgen. Mein Gott. Esther dachte jetzt bestimmt, dass sie mir nicht gefiel. Dabei war sie mit Abstand die schönste Frau, die ich in Deutschland kennengelernt hatte. Diesmal, schwor ich mir, würde nichts schieflaufen. Nichts. Wenn ich jemals aus diesem bescheuerten Loch inmitten des Bettes rauskomme.

«Doch, total!», antwortete ich, obwohl tausend Nägel in mein eingeschlafenes Bein drangen.

«Nein, irgendetwas stimmt nicht. Bin ich dir nicht dünn genug?»

«Esther, du bist die wahre Versuchung», sagte ich, weiterrutschend. Ich versuchte ihre Hand zu nehmen, leider war mein Rückgrat in dieser Spalte verkantet.

Jetzt drehte sie mir den Rücken zu.

«Esther, ich habe gehofft, dass wir uns fallen lassen könnten», sagte ich.

Ich musste ihr die Wahrheit sagen, sonst dachte Esther, sie wäre an meinem unerwarteten Kollaps schuld.

«Esther, es liegt nicht an dir. Ich glaube, das Bett ist kaputt. Für ein Drei-Sterne-Hotel ist das ein Skandal.»

Esther drehte sich wieder zu mir um.

«Wo bist du?»

«Unten.»

Meine Gesprächspartnerin war jetzt die Bettunterlage. Noch zwei Minuten, und ich redete mit dem Parkett. Falls ich lebend aus diesem Mariannengraben rauskäme, war ich fest entschlossen, mich mit südländischer Wut zu beschweren.

«Was erzählst du für einen Quatsch? Das Bett ist überhaupt nicht kaputt. Das ist ein ganz normales Bett.»

«Ein ganz normales Bett? Ich habe noch nie so ein Bett gesehen. In der Mitte ist doch ein Loch!», rief ich von unten.

«Das ist eine Besucherritze.»

«Eine was?» Meine Hand kam langsam raus.

«Eine Besucherritze.»

Allein schon das Wort sagte mir, dass die Nacht lang werden würde. Aber nicht so, wie ich es mir vorgestellt hatte.

«Und wofür braucht man eine Bettrutschedings?» Ich kletterte mit letzter Kraft wieder nach oben.

«Besucherritze. Man braucht sie nicht. Das Bett besteht aus zwei Matratzen, so einfach ist das.»

«Euh ... und wie wär's einfach mit einer Matratze für zwei?»

«Gibt es in Frankreich keine Doppelbetten, wo jeder seine eigene Matratze hat?»

«Niemals.»

«Sorry, Süßer, aber ein typisch deutsches Doppelbett hat zwei Matratzen.»

Ich konnte mein Erstaunen nicht verbergen. Nun saßen wir beide diesseits und jenseits der Ritze, und Esther belehrte mich über die Welt der Besucherritze. Ich wollte sterben. Ist es so kompliziert, was ich verlange? Ich will doch einfach nur in Ruhe Sex und Liebe mit einer Frau machen in diesem Land, verdammte Scheiße! *Merde à la fin!* Aber mein Bein war sowieso komplett eingeschlafen, es blieb uns eh nichts anderes übrig, als zu diskutieren.

«Esther, ganz kurz: Wieso habt ihr getrennte Betten? Das ist doch der pure Wahnsinn.»

«Ich glaube, dass die Deutschen es einfach praktisch finden, schließlich hat jeder andere Schlafbedürfnisse. Und daher habe ich meine Matratze und du deine Matratze.»

«Esther, ich kann das Wort Pragmatismus nicht mehr hören.»

«Wie sieht denn ein typisches französisches Doppelbett aus?»

«Eine Matratze selbstverständlich.»

«Also: Wer alleine lebt, hat in der Regel ein 1-Meter-40-Bett. Das ist okay, wenn man nur so Oh-la-la-Sachen hat. So. Aber kauf dir mal als Pärchen ein Bett. Dann kaufst du dir ein 1-Meter-80-Bett mit zwei Matratzen à 90 Zentimeter.»

«Faszinierend.»

«Und das Ding in der Mitte nennt man wie gesagt die Besucherritze. Als Kind kommt man immer auf die Besucherritze.» – «Aha.» – «Tja, und nach dem vollzogenen Akt rollt sich halt jeder auf seine eigene Seite, weil man natürlich nicht gut zu zweit auf 90 Zentimetern schlafen kann und auch niemand in der Besucherritze liegen mag.»

«Was für ein Unsinn.»

Esther ist die perfekte Frau. Sie könnte Model sein, sie ist belesen, künstlerisch veranlagt, sinnlich, zart, sexy, sie ist locker, wir haben denselben Humor – und sie hat Verständnis für die Besucherritze. Es ist hoffnungslos.

«Du, *Chéri*», sagte mir Esther, «ich bin total müde. Wir schlafen jetzt, okay? Morgen früh haben wir noch ein bisschen Zeit.»

Ich schaute mir noch leise diese Besucherritze an. Wenn man sie überquerte, hatte man wirklich den Eindruck, dass man fremdes Territorium betrat und sich dafür rechtfertigen musste. Die Besucherritze ist eigentlich eine Grenze. Wie viele Grenzen musste ich noch überwinden, um endlich bei der deutschen Frau anzukommen?

Ich war dermaßen von dieser Erfindung fasziniert – oder bestürzt, je nachdem –, dass ich am folgenden Tag das Wort bei Google suchte. Siehe da: Die Besucherritze ist eine wirtschaftliche Nische. Die Entritzung des deutschen Schlafzimmers schafft Arbeitsplätze. Es gibt Unternehmen, die sich schlauerweise neben der Herstellung von Matratzen auf Ritzenfüller spezialisiert haben. Wie nennt man einen Ritzenfüller? «Liebesbrücke.» Ohne Worte.

Sie machen natürlich Werbung für diese Erfindung:

Stört Sie auch diese lästige Besucherritze in Ihrem Bett?

Wir haben da genau das Richtige für Sie!

Sehr praktische «Doppelbettbrücke» – «Ritzenfüller» – «Liebesbrücke»

Größe: 200 cm × 20 cm × 10 cm

Der zweite Artikel (oder mehr) ist versandkostenfrei!!!

Es scheint einen echten Bedarf an Ritzenfüllern zu geben – wie überraschend. Unter «Bestseller» stand die «Liebesbrücke» an erster Stelle. Kunden hatten das Produkt bewertet, und einige hatten ihre Meinung veröffentlicht:

«Knickt zwar ab und zu leicht ein, sodass wieder eine kleine Ritze entsteht, aber die ‹Liebesbrücke› erfüllt auf jeden Fall ihren Zweck! Wir möchten nicht mehr ohne! :) Vielen Dank und LG», schrieb ein Kunde.

«Endlich wieder besser schlafen können, ohne stets in die ‹Besucherritze› zu rutschen. Diese Investition hat sich im Schlaf bezahlt gemacht», schrieb ein weiterer Glücklicher.

Aber das Beste kam am Ende. Dort wurden ausführlich die Unterschiede zwischen deutschem Ehebett und französischem Bett geschildert.

Das deutsche Ehebett

Ehebetten sind besonders große und komfortable Betten, die hauptsächlich, wie der Name schon sagt, von Ehepaaren benutzt werden. Es handelt sich in den meisten Fällen um ein zweigeteiltes Bett mit zwei Matratzen. Häufig besteht ein solches Bett auch aus zwei Bettrahmen, die dann einfach zusammengestellt werden. Diese Aufteilung hat den Vorteil, dass man damit in jeder Hinsicht auf die individuellen Bedürfnisse der einzelnen Personen eingehen kann. Es kommt selten vor, dass beide Ehepartner genau die gleichen Ansprüche an eine Matratze und einen Lattenrost stellen. Ein weiterer Vorteil in diesem Umfeld ist die Breite, die man mit einem solchen Bett zur Verfügung hat. In der Regel beträgt diese Breite zwischen 190–210 Zentimeter. Meistens benutzt man in solchen Betten auch zwei verschiedene Bettdecken und kann damit bestimmte Komplikationen vermeiden. Manche Menschen wickeln sich zum Beispiel gerne in ihre Bettdecke ein und stibitzen sie ihrem Partner. Mit einem Ehebett kann man derartigen Zwist verhindern, und man kann sich voll und ganz auf das Liebesleben konzentrieren. Platz gibt es genug.

Jetzt kam die Beschreibung der «Französischen Betten». Wohlgemerkt, nicht als «Ehebett» bezeichnet, wie beim deutschen Bett, sondern einfach als «Bett» – na klar.

Französische Betten sind eine ganz besondere Bauform, die vor allem in Frankreich und Südeuropa als Ehebetten beliebt sind. Es handelt sich hierbei um ein Bett für zwei Personen, welches relativ breit ist und aus nur einer Matratze besteht. Die üblichen Breiten eines solchen Bettes betragen circa 140–180 Zentimeter. In der Regel benutzt man dieses Bett auch nur mit einer einzigen Bettdecke. Die Kulturen in Frankreich und Südeuropa sind bekannt für ihre Leidenschaft und für die große Bedeutung, die sie der körperlichen Liebe beimessen. Gerade dieses Verhalten wird durch ein französisches Bett gefördert, und immer mehr Menschen in Deutschland lernen diese Bettform zu schätzen. Vor allem bei Jugendlichen und Heranwachsenden ist diese Bettform mittlerweile sehr beliebt.

Wenn man sich nun für ein solches Bett entscheidet, gibt es beim Kauf einige Dinge zu beachten. Zum Beispiel kann es problematisch sein, wenn man einen guten Lattenrost für ein französisches Bett erwerben möchte. Oftmals basieren diese Lattenroste auf vergleichbaren Produkten, die nur für eine Person konzipiert wurden. Genau hieraus können sich verschiedene Nachteile in der Anpassungsfähigkeit der Matratze ergeben, und man sollte dringend darauf achten, dass so ein Lattenrost auch für zwei Personen konzipiert wurde.

Früher war es hier in Deutschland oft ein Problem, an die verschiedenen Matratzen zu gelangen, aber seitdem diese Betten immer beliebter werden, hat man das gesamte Produktspektrum zur Auswahl. In den Flitterwochen sollte auch ein stabiles Bett genutzt werden.

Willkommen im Jahr 2010 in Deutschland, Land der Dichter – und der Besucherritze.

Was die deutsche Sprache
über Sex verrät

*J*a, ich bekenne: Ich bewundere die deutsche Sprache. Der deutsche Wortschatz ist immens und kann jederzeit erweitert werden. Die Fähigkeit, neue Wörter zu bilden, ist grenzenlos. Neulich hörte ich das Wort «reinlümmeln». Eine Freundin fragte mich, ob ich eine Decke hätte, in die man sich «reinlümmeln» könne. Ich war begeistert, sowohl vom Vorschlag als auch vom Wort. Oder eine Frau, die sich als «Konjunktivkonkubine» vorstellt. Konjunktivkonkubine! Welch geniale Schöpfung ist das denn, dachte ich mir. Reflexartig versuche ich in solchen Fällen, die Formulierung ins Französische zu übersetzen. Dafür brauche ich meistens mehrere Worte, was natürlich der Magie der deutschen Assoziation nicht gerecht wird. Die Verben mit trennbaren Präfixen machen mich fertig, aber dafür ist die Vielfalt an Nuancen kaum zu überbieten.

Von Deutschen musste ich mir jedoch schon oft anhören, dass die deutsche Sprache unschön sei. Diese Leute haben wohl nie ein Gedicht von Heine gelesen. Die Phonetik der deutschen Sprache kann in der Tat manchmal hart klingen. Sie hört sich aber wie der sanfte Gesang einer Nachtigall an im Vergleich zu Holländisch oder Schwyzerdeutsch, die mir so musikalisch wie Halskrankheiten vorkommen.

Eigentlich aber ist jede Bewertung Unfug. Man kann seine Muttersprache nicht gegen eine andere austauschen, um von außen zu betrachten, ob die eigene wie vermutet wirklich den Charme eines Maschinengewehrs besitzt. Man kann den Klang seiner Muttersprache einfach nicht hören. Ich glaube, hinter dem herablassenden Blick auf die eigene Sprache steckt etwas anderes.

Die Deutschen sind Weltmeister, wenn es darum geht, sich selbst schlecht- oder kleinzureden. Diese Haltung ist fest in den Seelen verwurzelt, und sie ist, wie alles in diesem Land, auf die Vergangenheit zurückzuführen. Deutschland zu loben ist verdächtig – auch wenn sich das langsam ändert. Bekennt man sich zu der Unmelodik und Härte der deutschen Sprache, zeigt man zumindest, dass man seine Lektion der Geschichte gelernt hat. Mittlerweile nehme ich es den Deutschen nicht mehr ab, dass sie wirklich meinen, was sie sagen, wenn sie Deutschland mal wieder schwarzmalen. Die Deutschen sind eigentlich mit ihrem Land sehr zufrieden, und dafür gibt es objektiv gute Gründe. Nur wenn sie einen ausländischen Gesprächspartner vor sich haben, schalten sie automatisch in den negativen Gedanken-Modus, um sich einem potenziellen Vorwurf zu entziehen, den ihr Gesprächspartner ihnen unterstellen könnte, wenn sie sagen würden: «Deutschland ist super.» Kompliziertes Thema.

Nicolas Cage behauptete mal, die deutsche Sprache sei «irgendwie sexy». Der berühmte amerikanische Schauspieler, dessen deutsche Mutter aus Cochem an der Mosel stammt, hat sich 2007 ein Schloss in der Oberpfalz gekauft. Man kann nachvollziehen, dass Nicolas Cage sich bemüht, seine Muttersprache im wahrsten Sinne des Wortes wiederzuentdecken. Dazu gehört ein bisschen Selbstüberzeugung; eine neue Fremdsprache zu lernen fällt ja vielen schwer – ich weiß, wovon ich rede. Aber Nick, nimm es mir nicht übel, wenn ich dir widerspreche, aber nein, die deutsche Sprache ist gar nicht «sexy», auch nicht «irgendwie». Die deutsche Sprache ist mächtig, kräftig, virtuos, sie ist die «Orgel unter den Sprachen», wie Jean Paul sie nannte, aber sie ist definitiv nicht sexy.

Sie kann es einfach nicht sein, denn ausgerechnet ihre Wortstruktur, die sich für philosophische Konzepte so perfekt eignet, ermöglicht auch die schlimmsten Missbräuche. Man braucht nur an die deutsche Behördensprache zu denken – ganz zu schweigen von optischen Unwesen wie zum Beispiel «Projektentwicklungsdienstleistungen», «Vermögensschadenhaftpflichtversicherungsschutz» oder «Verkehrswegeplanungsbeschleunigungsgesetzentwurf».*

Doch in diesem Fall, wie in vielen anderen auch, sollte man nicht alles an der Länge messen. Denn der allergrößte Sünder, das Unwort des Jahrhunderts, ist mit seinen achtzehn Buchstaben ziemlich kurz im Vergleich zu den oben zitierten Ungeheuern. Dafür ist es umso fataler: Geschlechtsverkehr.

Als ich zum ersten Mal das poetische und gefühlvolle Wort «Geschlechtsverkehr» hörte, dachte ich aufgrund seines Klangs, es müsse ein Begriff für einen kleinen Autounfall sein, einen leichten Zusammenprall oder so etwas in der Richtung. Nichts Schlimmes, aber etwas, das einen kleinen Kratzer hinterlässt, wie dieser Dialog zwischen einem Franzosen und seiner deutschen Freundin zeigt.

«*Chérie*, weißt du was? Beim Parken ist mir aufgefallen, dass die Stoßstange eine kleine Delle hat.»

«O nein! Wie konnte es dazu kommen?», fragt die deutsche *Chérie*, welche die Sorge ihres französischen *Chéris* teilt. (Es muss allerdings ein französischer *Chéri* sein, der seit langem in Deutschland lebt, sonst würde er sich um die leichte Delle der Stoßstange genauso kümmern wie um seine erste Socke,

---

* Akademische Fußnote: Dazu gibt es im Internet den schönen Sprachblog von Ines Balcik und den sehr lesenswerten Bremer Sprachblog von Anatol Stefanowitsch, der aber leider 2010 aufgehört hat.

wie man auf Französisch sagt. Wofür ist denn die Stoßstange schließlich da, wenn nicht, um einen kleinen Zusammenstoß aufzufangen? Der Deutsche sieht das anders. Die Stoßstange ist Teil des ewigen Schönheitswettbewerbs unter deutschen Autos und darf keinesfalls einen Kratzer zeigen. Das Auto muss glänzen. Dementsprechend muss auch die Stoßstange glänzen. Wegen eines Kratzers von zehn Zentimetern Länge und einem Millimeter Breite auf seiner Stoßstange ruft der Deutsche die Polizei. Doch. Ist mir passiert. Und, nein, dieses Arschloch war kein CDU-Wähler, sondern ein St.-Pauli-Fan. Lassen wir es lieber, sonst werde ich emotional.)

«Keine Ahnung. Irgendein Vollidiot, der nicht aufgepasst hat, und schon hast du Geschlechtsverkehr auf der Stoßstange», seufzt der germanisierte Franzose.

«Wie ärgerlich. Wurdest du von vorne oder von hinten geschlechtsverkehrt?»

«Von vorne. Hinten habe ich nichts gemerkt, aber ich sollte das vielleicht prüfen.»

In der Tat. Manchmal hinterlässt Geschlechtsverkehr keine großen Spuren.

«Und der Typ hat sich nicht einmal mit einem Zettelchen entschuldigt?»

«Nichts. Wobei es häufig Frauen sind, die Geschlechtsverkehr mit Stoßstangen haben. Parken können die nicht, das weiß jeder.»

Die deutsche *Chérie* grinst.

«Monsieur, du bist ein Arsch.»

«*Chérie*, du kennst doch den französischen Witz: Warum können Frauen nicht parken? Weil man ihnen immer gesagt hat, dass diese Länge fünfundzwanzig Zentimeter ist.» Er zeigt mit den Händen zehn Zentimeter Abstand.

Der Franzose hat das große Glück, eine Chérie gefunden zu haben, die für männlichen Humor Verständnis zeigt und sogar darüber lacht. Etwas, das sich eigentlich jeder Mann auf dieser Welt von einer Frau wünscht. Da dies aber äußerst selten der Fall ist, weiß der Franzose, dass seine deutsche *Chérie* eine Perle ist. Deshalb nennt er sie auch manchmal «Schatz».

«Sag mal, übernimmt die Versicherung die Kosten für den Geschlechtsverkehr?», fragt er, aus der Küche rufend. Man ruft immer aus der Küche.

«Nein!»

«Wofür zahle ich denn diese wahnsinnigen Versicherungen, wenn sie nicht einmal diesen Scheiß-Geschlechtsverkehr erstatten?!», ärgert sich der Franzose, der jetzt ganz schön sauer ist. Geschlechtsverkehr kann teuer werden. «Mit dem Geschlechtsverkehr wird sich natürlich mein Malus nach oben kurbeln.»

Ein bitteres Ende. Aber man muss relativieren. Solange der Geschlechtsverkehr nur materiellen Schaden verursacht, ist er noch harmlos.

Mittlerweile weiß ich, dass Geschlechtsverkehr mit Autoschaden gar nichts zu tun hat. Geschlechtsverkehr, manchmal auch «GV» genannt, ist das offizielle deutsche Wort für – Sex.

Seien wir mal ehrlich, werte Leserinnen und Leser: Eine Sprache, welche das Wort «Geschlechtsverkehr» für «Sex» erfunden hat, ist in einem besorgniserregenden Zustand.

Überall in der Welt sagt man für «Sex» einfach «Sex». Nur in Deutschland braucht man dafür achtzehn Buchstaben. Gratuliere. Glücklicherweise gibt es noch nicht «geschlechtsverkehrs-widrig», aber solche Wortmetastasen sind sicherlich nicht auszuschließen. Wie gesagt, die Kreativität der deutschen Sprache ist grenzenlos. Die «Geschlechtsverkehrswidrigkeit» droht, ganz zu schweigen von den verschiedenen «Geschlechtsverkehrswidrigkeitsmöglichkeiten». Allein mit dem Wort «geschlechtsverkehrswidrig» würde man auf fünfundzwanzig Buchstaben kommen. Das längste französische Wort, das es überhaupt gibt, hat vierundzwanzig Buchstaben: *anticonstitutionellement*, was «verfassungswidrig» bedeutet. Ich möchte darauf aufmerksam machen, dass im Französischen juristische Begriffe, die sich mit Recht und Gesetzen befassen, kürzer und einfacher sind als deutsche Wörter, die mit Sex zu tun haben.

Kommen wir nun zum Kernproblem. Das Schlimme am Wort «Geschlechtsverkehr» ist nicht seine Länge. Nein. Das Schlimme ist seine phonetische Botschaft, die nicht zu überhören ist: «Ge-schlecht-verkehr». Das Erste, was ich im Wort «Geschlechtsverkehr» gehört habe, war: «schlecht». Plötzlich wurde mir alles klar. In der Mitte des deutschen Bettes gibt es die Ritze, in der Mitte des deutschen Wortes für Sex gibt es das Schlechte. Wie soll man, bitte schön, unter diesen Umständen ein gesundes Verhältnis zum Anbaggern, Verführen und Sex in diesem Land entwickeln? Im Kern des «Ge-schlecht-verkehrs» ruht das Bedrohliche, das Gefährliche, das Verbotene. Wenn die deutsche Sprache Sex hat, dann flüstert eine leise Stimme: Es ist schlecht zu verkehren.

Manchmal ergänzt die leise Stimme unbewusst sogar noch ein «t» am Ende, und dann haben wir «Ge-schlecht-verkehrt». Sex ist nicht nur schlecht, sondern auch verkehrt. Bravo, Deutschland.

Ich habe mich auf semantische Recherche begeben und die Definition von «Verkehr» im Wörterbuch gesucht. Das Online-Wörterbuch der DWDS-Seite vermittelt Seriosität und Zuverlässigkeit. DWDS steht für «Digitales Wörterbuch der Deutschen Sprache des 20. Jahrhunderts» und wird von der Berlin-Brandenburgischen Akademie der Wissenschaften herausgegeben. Man kann ihm geschlossenen Auges trauen.

Wie lautet die Definition von «Verkehr»?

1. Gesamtheit von Fahrzeugen, Personen, Gütern, Nachrichten, die sich auf den dafür vorgesehenen Wegen bewegt oder befördert wird: der öffentliche, großstädtische, schienengebundene, grenzüberschreitende Verkehr; man unterscheidet den fließenden V. (die in Bewegung befindlichen Fahrzeuge und Personen) und den ruhenden V. (die auf öffentlichen Straßen und Plätzen abgestellten Fahrzeuge); der V. auf der Autobahn, im Zentrum der Stadt; der V. (Schiffsverkehr) auf einem Kanal; der V. hat stark zugenommen, flutet durch die Straßen der Großstadt; der V. stockte, kam, geriet ins Stocken; diese Straße ist für den V. gesperrt; d. Tunnel, Brücke, Autobahn ist nach fünfjähriger Bauzeit gestern feierlich dem (öffentlichen) V. übergeben worden; d. Auto, Flugzeug, Schiff ist für den V. zugelassen, wurde aus dem V. gezogen; die Bewegung, Beförderung von Fahrzeugen, Personen, Gütern, Nachrichten auf den dafür vorgesehenen Wegen: der Nebel brachte den V. zum Erliegen, legte den V. lahm, still; der Verkehrspolizist steht im Brennpunkt des Verkehrs, regelt, stoppt den V.; den V. reibungslos abwickeln; auf dieser Strecke ist der V. vorübergehend unterbrochen; der V. (Funkverkehr) zwischen diesen Funkstellen war gestört; in der Innenstadt, auf den Straßen herrschte starker V. (viele Fahrzeuge, Passanten waren unterwegs); ein reger, lebhafter, pausenloser, dichter, schwacher V.

Jetzt machen wir folgendes Experiment: Ersetzen Sie alle «Verkehr» und alle «V.» des obigen Beispiels durch «Geschlechtsverkehr» und «GV» und lesen Sie mit lauter Stimme die neue Definition.

1. Gesamtheit von Fahrzeugen, Personen, Gütern, Nachrichten, die sich auf den dafür vorgesehenen Wegen bewegt oder befördert wird: der öffentliche, großstädtische, schienengebundene, grenzüberschreitende Geschlechtsverkehr; man unterscheidet den fließenden GV und den ruhenden GV; der GV auf der Autobahn, im Zentrum der Stadt; der GV auf einem Kanal; der GV hat stark zugenommen, flutet durch die Straßen der Großstadt; der GV stockte, kam, geriet ins Stocken; diese Straße ist für den GV gesperrt; d. Tunnel, Brücke, Autobahn ist nach fünfjähriger Bauzeit gestern feierlich dem (öffentlichen) GV übergeben worden; d. Auto, Flugzeug, Schiff ist für den GV zugelassen, wurde aus dem GV gezogen; der Nebel brachte den GV zum Erliegen, legte den GV lahm, still; der Geschlechtsverkehrspolizist steht im Brennpunkt des Geschlechtsverkehrs, regelt, stoppt den GV; den GV reibungslos abwickeln; auf dieser Strecke ist der GV vorübergehend unterbrochen; in der Innenstadt, auf den Straßen herrschte starker GV (viele Fahrzeuge, Passanten waren unterwegs); ein reger, lebhafter, pausenloser, dichter, schwacher GV.

Eine lehrreiche Aufgabe. Das Wort «Geschlechtsverkehr» passt nahezu perfekt zum semantischen Feld von Straßenbau, Betonqualität und Ordnungsbeamten. Für Sex hätte man sich etwas Romantischeres gewünscht. Mir war schon klar, dass der ADAC der wahre Herrscher Deutschlands ist. Doch dass er sich so tief in den deutschen Zimmern verschanzt und im deutschen Habitus eingenistet hat, hätte ich nicht vermutet. Es würde allerdings erklären, warum die Deutschen im Auto so gern phantasieren. Es gibt ein Lied, einen deutschen Schlager mit dem Titel «Im Wagen vor mir sitzt ein schönes Mädchen», der Ende der Siebziger großen Erfolg hatte (unbedingt auf YouTube anschauen). Henry Valentino und Uschi heißen die Künstler, denen wir dieses Meisterstück zu verdanken haben. Es schildert die Phantasie eines Fahrers, der vor sich eine schöne Blondine sieht und anfängt, ihr hinterherzufahren. Sagenhaft. Der Autoflirt ist aber nicht in den Siebzigern steckengeblieben. Heute gibt es Internetforen, in denen Fahrerinnen und Fahrer versuchen, sich wiederzufinden. Anhand so einer kleinen Anzeige zum Beispiel:

«Lange blonde Haare und süßes Lächeln, das Ganze verpackt in einem silbergrauen Ford Fusion mit Hannoveraner Nummernschild. Du hast die vier Jungs im schwarzen Audi vollkommen verrückt gemacht, bis wir dich irgendwann verloren haben und selbst über den Standstreifen nicht mehr finden konnten. Vielleicht liest du das ja und hast Lust, auch mal die Staus im Rheinland auszuprobieren ...»

Man hat ja nichts zu verlieren, wenn man eine Flasche ins Meer wirft.

Neben den üblichen Funktionen des Wörterbuchs bietet die DWDS-Seite sehr interessante linguistische Tools, wie zum Beispiel den Kollokationsgraph eines Wortes. Was ist der Kollokationsgraph eines Wortes? «Mit dem Begriff der Kollokation werden Wortverbindungen bezeichnet, die überproportional häufig gemeinsam auftreten», erklärt der DWDS. Der Kollokationsgraph wird durch einen Algorithmus berechnet. Ich war sehr gespannt, welche Worte mit «Geschlechtsverkehr» häufig assoziiert werden, denn ich versprach mir einen aufschlussreichen Blick auf den Umgang der deutschen Sprache mit Sex und dementsprechend in die deutsche Seele. Ich erwartete so etwas wie «Frau, Bett, Kamasutra, Sex, Stellungen, Kondom,

Dessous» usw. So würde intuitiv mein persönlicher Kollokationsgraph aussehen.

Ich irrte.

Antwort des DWDS, herausgegeben von der Berlin-Brandenburgischen Akademie der Wissenschaften:

Kind, Verkehr, Beziehung, Beischlaf, außerehelich, vorehelich, Name, Keuschheit, Frau, Orgasmus, kriegen, haben, vaginal, Vergnügungstanz, Kwasniak, Müller-Gegginger, Habig, Diplomaußenhandelskaufmann, Kloschgrabe, beim, Exportstückgut, Tabakschneide, Kreuzworträtsellösen, 86.5.

Ich glaube, da muss etwas schiefgelaufen sein beim Algorithmus. Am Anfang ging's dem Algorithmus noch gut: Bis «Vergnügungstanz» kann man alles nachvollziehen. Danach waren ihm all diese sexuellen Begriffe wohl zu viel, und er ist durchgedreht. Wofür steht das 86.5? Vielleicht die Frequenz des Geschlechtsverkehrs pro Jahr in Deutschland? So zweimal pro Woche um den Dreh? Das würde mit den Statistiken des Sexreports 2008 übereinstimmen. Am schönsten aber finde ich «Kreuzworträtsellösen». Das Ganze ist an Absurdität nicht zu übertreffen. Warum nicht auch «Telefon», wenn wir schon dabei sind? Schließlich würden 17 Prozent der Frauen und 10 Prozent der Männer, falls es klingelt, den Sex unterbrechen, um ans Telefon zu gehen, verrät eine andere Studie.

Noch verwirrt von diesen verrückten Resultaten, machte ich ein zusätzliches Experiment. Ich suchte nach den Synonymen für «Geschlechtsverkehr». Ergebnis: «Beischlaf», «Blutschande», «Verkehr». Nicht mal «Sex»? Nein, nicht mal das. Aber dafür: «Blutschande». Ich hätte Wörter wie «ficken», «vögeln», «bumsen», «poppen» erwartet – jedes Mal natürlich mit der

Bemerkungen «Vulg.» kursiv und in Klammern. Aber nein. Ich trage das Wort «ficken» ein: «Kein Eintrag für ficken gefunden.» Bon, dann versuche ich mal «bumsen»: Bumsen heißt «dumpf dröhnen». Ja, das kann man so sehen, wenn man will. Das Online-Wörterbuch liefert folgendes Beispiel: «Jetzt hat es bei uns gebumst.» Ah, endlich mal Action! Aber nein, das Wörterbuch erklärt, was es bedeutet: «Jetzt ist es mit unserer Geduld vorbei.» Das nächste Mal, wenn ich einer Freundin sagen will, dass ich die Geduld verliere, werde ich ihr sagen: «Jetzt hat es bei mir gebumst.» Mal sehen, wie sie darauf reagiert.

«Bumsen» hat also doch nichts mit bumsen zu tun. Vielleicht werde ich mit «vögeln» fündig? «Kein Eintrag für vögeln gefunden.» Nicht mal «vögeln»? Unglaublich. Ein letzter Versuch – «poppen»: «Kein Eintrag für poppen gefunden.»

So betrüblich es scheint, sind diese Ergebnisse kohärent. Die Moral schwingt immer mit in Deutschland, wenn es um Sex geht. Ich finde in dieser Hinsicht bemerkenswert, dass viele Worte im Zusammenhang mit Sex oder Verführen aus dem Französischen kommen, wie zum Beispiel Ménage à trois, Charmeur, Dekolleté, Affäre, Femme fatale, Rendezvous. Man kann das als Hommage an die französische Sprache verstehen. Man kann es aber auch anders deuten. Es scheint, als ob die deutsche Sprache die Verantwortung für solche Begriffe auslagern möchte, indem sie dafür eine fremde Sprache benutzt – und dafür nicht haften.

Geschlechtsverkehr steht aber in der deutschen Sprache nicht allein für seine Untat. Er hat einen Komplizen. Ein Wort, dessen Etymologie eine klare Ansage ist, was die Moral angeht: «Verführen».

Was bedeutet «verführen»? Schauen wir mal wieder ins DWDS: «So auf jmdn. einwirken, dass er etw. ursprünglich von ihm nicht Beabsichtigtes tut, jmdn. zu etw. verlocken, verleiten.»

Was heißt aber verleiten? «Verleitete, hat verleitet, jmdn. zu etw. v. jmdn. dazu bewegen, daß er etw. Verwerfliches, Schädliches, Falsches tut, jmdn. zu etw. verführen.»

Das ist nämlich der Punkt. «Verführen» heißt nichts anderes, als jemand auf den falschen Weg zu bringen. Bereits in seiner Etymologie beinhaltet das Wort «verführen» eine strafbare Aktion. Eigentlich etwas, was man nicht tun sollte oder dürfte, etwas Verbotenes. Sagen wir es noch deutlicher: etwas Sündhaftes. Wenn ich eine Frau verführe, bin ich ein Dieb, ein Outlaw, ein Sünder.

Und warum verführe ich? Antwort: «Jmdn. zum Geschlechtsverkehr verleiten: ein Mädchen v.» Das hatte ich geahnt. Die Folge des Verführens ist der Geschlechtsverkehr. Anders gesagt, die Folge einer Sünde ist eine andere Sünde. Und man beachte das Beispiel für «verführen». Es ist nicht mal eine Frau, die erwähnt wird, sondern ein Mädchen, was natürlich die Schandtat des Verführens noch zusätzlich betont.

Wie sieht diesmal die komplette Kollokationsstatistik für das Verb «verführen» aus? «Teufel, Sünde, Schlange» – dann «Weib». Nicht etwa: «Galanterie, hofieren, den Hof machen, huldigen, Benehmen, Manieren, Knigge, Stil, flirten». Nein. Kann es sein, dass ich auf einer Seite des Vatikans gelandet bin? Der Verdacht liegt nahe.

Das Wort *séduire* im Französischen bedeutet allerdings nichts anderes als das deutsche «verführen». *Séduire* kommt vom Lateinischen *subducere* für «verleiten». Aber im Gegensatz zur deutschen Sprache, und das ist der feine Unterschied, hört man diese Etymologie nicht. Zwischen *séduire* (verführen) und *entrainer sur le mauvais chemin* (jemand vom richtigen Weg abbringen) gibt es keine Gemeinsamkeiten.

Bei «ver-führen» höre ich wie beim «Ge-schlecht-verkehr»

sofort diese leise Stimme, die von oben kommt, mich mit bösen Augen anschaut und mit erhobenem Zeigefinger mein Gewissen anspricht: «Alain. Du Schwein. Du verführst eine Frau. Du bringst eine Frau von ihrem Weg ab, gegen ihren Willen. Du bist ein Elender. Du gehst jetzt dorthin, wo du hingehörst. In die Hölle, wo du für die Ewigkeit brennen wirst.» Das sollte mir recht sein. In der Hölle würde ich mich mit Don Juan unterhalten können. Seine Gesellschaft würde gewiss sehr angenehm sein. Letztlich kennt er die Frauen wie kein anderer.

Geschlechtsverkehr, verführen: Kein Wunder, dass die deutsche Frau so verkrampft auf das Spiel des Flirtens reagiert. Sie ahnt intuitiv die bösen Hintergedanken, wenn ein Mann auf sie zukommt. Wir verstehen langsam, warum Don Juan mit der deutschen Sprache niemals seinen Zweck erreicht hätte – sonst hätte es womöglich einen «Don Hans» in der Geschichte gegeben. Gab's aber nicht. Eben.

Noch einen dritten Begriff finde ich in dieser Hinsicht aufschlussreich: «Die schmutzige Frau» bzw. «der schmutzige Sex».

Eines Tages erzählte ich Christoph von einer Frau, die er auch kennt und die mich nicht gleichgültig ließ.

«Ich finde sie auch sehr attraktiv», sagte Christoph verständnisvoll.

Das Problem mit Christoph ist, dass er sehr gut aussieht. Dazu besitzt er eine gewisse Coolness und Gelassenheit, sodass er ohne Ende Damen anzieht. Ich mache mir daher Sorgen, wenn er die Grenzen meines Jagdreviers durchbricht.

Er fügte noch hinzu: «Ja, sie muss schon schmutzig sein.»

Es war mir bis dahin nie aufgefallen, aber an diesem Punkt dachte ich: Wieso eigentlich schmutzig?

Eine Frau als «schmutzig» zu bezeichnen, um zu sagen, dass

sie gut im Bett ist, ist letztlich keine deutsche Besonderheit. Das Wort benutzen auch die Engländer: She's dirty. Nun, sollten die Engländer ein Vorbild in Sachen Frauen sein, würde man es längst wissen. Schmutzig ist einfach nur abwertend. Warum soll eine Frau schmutzig sein, nur weil sie gut im Bett ist? Sagt man auch von einem Bürohengst, er sei schmutzig? Nein. Man spricht nur von einer schmutzigen Frau und schmutzigem Sex. Gibt es überhaupt sauberen Sex? Abermals musste ich feststellen, dass die deutsche Sprache sich vor allem dadurch kennzeichnet, dass vieles, was mit Sex verbunden ist, negativ konnotiert wird.

En *passant*: Oralverkehr, die beliebteste Sexpraktik der deutschen Männer (gefolgt von der Reiterstellung und der Hündchenstellung), wird auch «Französisch» genannt. Niemand konnte mir leider erklären, warum.

Es gibt jedoch ein Wort, das die deutsche Sprache erfunden hat, für das ich Lob und Anerkennung aussprechen möchte: Frauenversteher. Ein solches Wort gibt es auf Französisch nicht. Man müsste es wie so oft mit einem ganzen Satz übersetzen: «*qui comprend les femmes*». Aber wie der Humorist Sacha Guitry bemerkte, *il faut choisir entre aimer les femmes ou les comprendre* — man muss sich entscheiden, die Frauen zu lieben oder zu verstehen. Ganz genau.

Onlinedating: Du solltest
treu und tierlieb sein

Wenn ich die deutsch-französische Liebe im wahren Leben nicht finden kann, dann vielleicht im Internet? Im virtuellen Leben bekommt heute jeder eine zweite Chance. Man muss praktisch an die Sache herangehen: Auch die Liebe ist eine Frage der Statistik. In dieser Hinsicht liegen die Vorteile des Internets auf der Hand. Mit einem Klick erscheinen zwanzig Mädels vor meinen Augen. Tausende Frauen stehen zur Verfügung. Wie viele Partys müsste man besuchen, um sich einer vergleichbaren Anzahl von Kandidatinnen anzunähern? Internet, die unendliche Ausweitung der Kampfzone.

Aus Frauensicht bietet dieses Medium eine angenehme Auswahlmöglichkeit. Schluss mit dem direkten Kontakt mit diesem Idioten, der sie in der Bar anglotzt und sie mit blöder Anmache belästigt. Im Internet braucht sie darauf nicht einmal zu reagieren. Wie das erste Gesetz des Onlinedating besagt: Keine Antwort ist auch eine Antwort.

Angesichts des Angebots im Internet spricht man oft von «Supermarkt». Zwar klaffen die Worte «Supermarkt» und «Liebe» gewaltig auseinander, doch beschreibt das Wort «Supermarkt» ernüchternd und schonungslos die Tatsache, dass wir uns im Netz auch für so ein nobles Gefühl wie rationale, wirtschaftsorientierte Konsumenten verhalten. Im Supermarkt finde ich alles, was ich brauche und will. Es gibt billiges Zeug, das ich ignoriere, und teure Ware, die ich mir gerne leisten würde.

Die meisten Frauen suchen etwas Ernsthaftes. Dafür verfolgen sie eine Strategie, die man ungefähr so resümieren könnte:

Bloß nicht anders sein als alle anderen. Je mehr Floskeln ich benutze, in denen sich alle wiederfinden können, desto größer mein Fahndungsraster. Verkrampft sucht man nach dem Richtigen – «diesmal aber richtig». Deshalb die Liste. Auf jedem zweiten Profil steht eine Liste mit «was ich bin», «was ich mag», und «was ich nicht mag». Unter der Rubrik «und so soll ER sein» findet man die gewünschten Eigenschaften des Kandidaten, meist «Mr. Right» genannt. Ganz am Ende gibt es die «No-go»-Liste. Sollte er sich in dieser Liste wiederfinden, hat der Typ wirklich keine Chance. Abhaken ist hier das Schlüsselwort. Wer nicht millimetergenau die Erwartungen erfüllt, ist raus. Kein Problem, es stehen sowieso tausend andere Profile in der virtuellen Warteschlange. Als ob noch nie jemand zufällig seine große Liebe gefunden hätte, die auch noch vollkommen anders aussah, als man sich ausgemalt hatte. Im Internet hält man diese Vorstellung offenbar für absurd.

Das Ziel der Suche ist eine ernsthafte Beziehung. Das ist legitim. Aber deshalb muss man nicht auch eine ernste Herangehensweise wählen. Das ist der große Fehler. Nirgendwo ist das Ernsthaftigkeitsgebot, von dem Jens sprach, so deutlich spürbar wie im Internet. Nachdem ich lange in Online-Partnerbörsen unterwegs war, muss ich zugeben, dass ich die Art und Weise, wie die Liebe 2.0 von gefühlten achtzig Prozent der weiblichen Nutzer mit ihren überzogenen Vorstellungen gesucht wird, nicht mehr ernst nehmen kann. Und deshalb sind meine virtuellen Begegnungen auch virtuell geblieben.

Perlesternchen77* ist eine sehr hübsche Brünette mit kinn-

---

* Alle Namen sind fake. Falls ich zufällig ein Pseudonym benutzen sollte, das bereits existiert, ist das eine bedauerliche Koinzidenz, für die ich aber nicht haften kann. *Merci de votre compréhension.*

langen Haaren. Sie ist 32 Jahre alt, lächelt fröhlich in die Kamera und grüßt die «Männerwelt» mit einem kleinen Text. «Ich bin, wie ich bin», schreibt Perlesternchen77 als Einleitung, ganz selbstbewusst. Das fängt ja gut an. Erste virtuelle Begegnung, erste philosophische Auseinandersetzung. Das spricht für Perlesternchen77. «Ich bin nicht, wie ich nicht bin», will ich gleich zurückgrüßen, doch eine weise Freundin riet mir, Ironie zu vermeiden. Im Internet könne es schnell zu Missverständnissen führen. Auch nicht mit Smiley, *grins*, *lach*, Zwinker und lol? Nein. Beim Onlinedating gibt es keinen Platz für Spaß. Es geht darum, seine zweite Hälfte zu finden, für den Rest des Lebens. Das ist eine ernste Angelegenheit, sogar die ernsteste überhaupt, und sie sollte entsprechend behandelt werden. Also bremse ich meinen Enthusiasmus, und statt voreilig zurückzuschreiben, lese ich weiter ihr Profil.

«Ich liebe das Leben», bekennt Perlesternchen77. Wieder ein Punkt für sie. Philosophin, aber auch Genießerin. Das ist vielversprechend. Perlesternchen77 liebt übrigens nicht nur das Leben, sie liebt auch ihre Familie und ihre Freunde.

Perlesternchen77 besitzt ein heiteres Gemüt. Sie ist «humorvoll, unternehmungslustig und spontan». Sie sei oft mit ihren Freundinnen in Bars und im Kino unterwegs – aber manchmal liege sie auch gern auf der Couch und schaue sich eine gute DVD an. Vor allem am Sonntagabend. Sie mag «Kinder, Tiere, Schokolade, Pizza, gute Gespräche, Sonne, Sand, Meer, Musik». Ob in dieser Reihenfolge ist unklar. Das müssen wir herausfinden, bevor wir heiraten, weil ich zum Beispiel gute Gespräche Pizza vorziehe. Auch Musik finde ich wichtiger als Schokolade. Und Sand ist manchmal unbequem, besonders in der Hose oder in den Schuhen, aber ich bin kompromissbereit. Vielleicht können wir gute Gespräche führen, während wir Pizza essen? Wäre dir das recht, Perlesternchen77? *Non?* Das Schöne am virtuellen Pärchenleben ist ja, dass man alles ausdiskutieren kann, dass man streitet, aber am Ende alles gut wird, wir lachen viel, wir gehen bei Sonnenuntergang spazieren und versöhnen uns bei Kerzenlicht. Die Romantik hat dank Internet ein zweites Zuhause gefunden.

Entschlossenheit gehört ebenfalls zum Charakter von Perlesternchen77: «Ich weiß, was ich will», schreibt sie, und sie wisse auch, was sie nicht wolle. «Nicht» großgeschrieben. Das ist beeindruckend, und ich beneide Perlesternchen77. In meinem Fall sieht das anders aus. Ich weiß, dass ich nicht weiß. Aber wenn das kein Stoff für gute Gespräche ist! Ich freue mich schon, und kann es kaum erwarten, die Pizza für uns beide zu bestellen, aber Perlesternchen77 hat noch eine Forderung. «Du solltest mit beiden Beinen fest im Leben stehen.» Denn das tue sie ja auch. Berechtigte Anmerkung, die ich sofort unterschreiben würde. Wobei, weißt du, Perlesternchen77, wenn man zu fest im Leben steht, kann man sich gar nicht mehr bewegen, gell? Ach, das war ein Scherz, Perlesternchen77.

Je mehr ich mir das Profil durchlese, desto klarer wird mir: Ich habe die Richtige gefunden. Ich will Perlesternchen77 schon schreiben, als ich am Ende ihres Profils lese: «Mich kriegst du nur im Doppelpack mit meinem süßen Vierbeiner.» Er heiße Cuzco. Ein Foxterrier.

Diese letzten Worte fallen wie die Guillotine auf meinen Traum, mit Perlesternchen77 eine Familie zu gründen. Ich bin eher ein Katzenfreund, und diese Hundeliebe ist wie ein Wurm im Obst, wie man auf Französisch sagt. Die Zeit wird gegen uns spielen, wir werden zwar zusammenkommen, aber irgendwann, nachdem die Passion vorbei ist, werden wir auf den harten Boden der Realität fallen. Eines Tages werde ich müde von der Arbeit nach Hause kommen und Cuzco, dessen Zungelecken ich seit Monaten ertrage, nur weil ich dich liebe, Perlesternchen77, wird auf mich springen, wie jeden Tag, obwohl ich ihm schon tausendmal gesagt habe, er solle sitzen bleiben, und aus unkontrollierter Wut wird er diesmal eins von mir auf die Schnauze kriegen. Und zwar richtig. Perlesternchen77 wird mich anbrüllen, ich werde zurückschreien – im Hintergrund Cuzco weinend –, und es wird eine tiefgreifende Diskussion geben, die in Tränen enden wird. Ich kenne solche Krisen. Wir werden feststellen, dass wir trotz unserer gemeinsamen Liebe für Pizza und gute Gespräche doch nicht füreinander gedacht sind.

Also lassen wir das, Perlesternchen77, es ist besser so. Schmerzhafte Trennung in der Tat, aber das nächste *Liebkosen* ist im Internet nur einen Klick entfernt – the girl next door, das war gestern, heute gibt's the girl next click.

Es sieht so aus, als ob meine neue Traumfrau Kathieoo8 sein könnte. Kathieoo8 spricht mich frontal und mutig an: «Bist du mein Prinz?» Hoppla, das geht aber richtig zur Sache! Tja, Kathieoo8, das kann ich dir noch nicht versprechen. Kathieoo8 ist eine zierliche dreißigjährige Frau, 1,61 Meter groß, schlank, hat lange rote Haare mit Pony und ist vom Sternzeichen Krebs. Ein Glücksfall: Krebs ist mein komplementäres Zeichen! Ich wusste es.

Kathieoo8 fordert mich auf: «Träume nicht dein Leben, lebe deine Träume!» Wie recht du hast. Aber so einfach ist es leider auch nicht. Schau mal, Kathieoo8, wenn ich meine Träume lebe, dann habe ich keine Träume mehr, denn das würde heißen, ich habe sie verwirklicht. *Tu vois?* Und manchmal habe ich recht komische Träume, Kathieoo8! Du nicht? *Bon.* Vielleicht sollte ich nicht so verkopft sein.

Kathieoo8 betont, dass Sport ihr wichtig sei. Sie joggt gern, macht Inlineskating und geht ins Fitnessstudio. Sie mag auch Kino, Theater und Konzerte. Sie habe jetzt «genug Frösche geküsst» und sehne sich nach einer ernsten Geschichte. Sie sei «unternehmungslustig, humorvoll und spontan» – genau wie Perlesternchen77! Was für ein Zufall. Sie ist aber auch, und das ist der feine Unterschied, «für jeden Spaß zu haben». Außerdem lache sie für ihr Leben gern. Das ist doch wunderbar. Auch ich lache gern, Kathie008! Lass uns uns treffen! Selbst wenn du «klein, aber oho» bist, das macht ja nichts! Kathie008 mag allerdings keine «Tomaten, Oliven und weiße Schokolade». Leider mag ich Tomaten, selbst wenn sie heutzutage nach allem schmecken, bloß nicht nach Tomaten, und für Oliven habe ich eine Schwäche. Dahingegen, da sind Kathie008 und ich uns einig, finde ich weiße Schokolade schrecklich. Ich bin hin- und hergerissen. Was tun?

Freundlicherweise kommt mir Kathie008 entgegen: Wie Perlesternchen77 hat sie auch eine Liste erstellt, wie ihr künftiger Partner fürs Leben sein sollte – «sportlich, humorvoll, ehrlich, intelligent, offen, spontan und zuverlässig».

Alors, bin ich sportlich? Ich sage nur, ich habe drei Medaillen (zweimal Gold, einmal Silber) beim Fechten gewonnen, als ich zwölf war.

Humorvoll? Der Witz mit der Maus und dem Elefanten klappt immer, den werde ich ihr bei unserem ersten Date erzählen: Eine Maus und ein Elefant laufen nebeneinander in der Savanne. Plötzlich stolpert der Elefant über eine Wurzel und fällt zu Boden, knapp an der Maus vorbei. Als er sich wieder erhebt, sagt er zu der Maus, während er mit seinem Rüssel den Staub von seiner Haut entfernt: «Entschuldigung, liebe Maus, ich hätte dich beinah zertreten!» – «Keine Ursache, lieber Elefant», antwortet die Maus, «das hätte mir auch passieren können!»

Okay, weiter. Bin ich ehrlich? Nichts ist falsch in mir, Geliebte, möchte ich mit Heine sagen. Doch das ist schwer zu beweisen, wenn man noch nichts gemeinsam erlebt hat. Deshalb müssen wir uns schnell kennenlernen, Kathieoo8!

Intelligent? Meine Zeugnisse von der Uni werde ich Kathie zeigen – wie gut, dass ich sie nicht in Paris gelassen habe.

Was denn noch? Offen. Ja, natürlich bin ich offen – vor allem zu dir, Kathieoo8! Et hop, ein zweiter Beweis, dass ich humorvoll bin. Und ehrlich.

Spontan? Selbstverständlich: Ich frage spontan nach einem Rendezvous, und werde pünktlich da sein als Zeichen meiner Zuverlässigkeit – zwei Fliegen mit einer Klappe.

Kathieoo8, ich habe eine gute Nachricht für dich: Der Mann, den du suchst – der bin ich.

Nun warte ich fieberhaft auf ihre Antwort. Dennoch, was passiert, wenn sie von ihrem Glück nichts weiß und meine Anfrage ignoriert? Diese traurige Möglichkeit ist nicht auszuschließen. Gegen schlechte Überraschungen hilft nur eins: Ein anderes Profil zu entdecken, das auf die große Liebe hoffen lässt. Wer fährt nicht zweigleisig? Wer das nicht im Internet tut, tut es nie.

Bei meinem nächsten Versuch fällt mir sofort eine schöne langhaarige Blondine auf: LadyBeauty – wie der Name schon sagt. LadyBeauty ist einunddreißig, trägt ein Haarband und schaut in die Ferne, im Hintergrund das Meer – vielleicht eine griechische Insel? Auf jeden Fall erkenne ich eine mediterrane Landschaft. Alles, was mit dem Mittelmeer zu tun hat, trifft mich ins Herz. Ihr erster Satz bestätigt auch meinen ersten Eindruck – der immer der richtige ist, wie jeder weiß: «Zu jedem Topf einen Deckel», schreibt LadyBeauty. Wie wahr. Dennoch glaube sie, sie sei ein Wok. Das ist natürlich höchst unerfreulich. Wie kann das sein, eine solche Schönheit? LadyBeauty ist aufgrund dieses schwierigen Schicksals verständlicherweise besorgt. Aber Lady-Beauty, fürchte dich nicht. Wenn du ein Wok bist, dann bin ich dein Koch. Das sagt dir ein Franzose.

LadyBeauty, wir Franzosen mögen das gute Essen. In diesem Bereich kennen wir uns wirklich aus. Um ganz ehrlich mit dir zu sein, würde ich lieber in einem deutschen Auto französisch als in einem französischen Auto deutsch essen. Es sei denn, es handelt sich um eine Ente, natürlich, oder ein DS Cabrio. Ein sehr guter Freund von mir fährt ein französisches Auto, obwohl er FDP wählt. Ich weiß nicht, warum, aber ich konnte mir überhaupt nicht vorstellen, dass FDP-Wähler französische Autos fahren. Aber gut, das ist ja nur eine Unterstellung. Fakt ist: Die Schraube in seinem Renault, welche die Tür mit der Karosserie verbindet, ist von unten ins Scharnier geschraubt. Das heißt, sie fällt regelmäßig runter, und die Tür wackelt. Ich bin ja kein Auto-Ingenieur, LadyBeauty, aber das zeigt, dass bei Renault etwas falsch entwickelt wurde. Dagegen sind die noblen handgefertigten Kochgeräte von La Cornue weltweit berühmt. Im Vergleich dazu sind Miele-Küchen ein Trabant, ich sag's dir. Und was würde ich auf meine La Cornue *made in France* stellen, wenn ich mir den Rolls-Royce der Küche leisten könnte? Genau, einen Wok, LadyBeauty! Siehste.

Und noch etwas, LadyBeauty. Ist denn nicht *gourmet* ein französisches Wort? Wenn wir uns kennenlernen, LadyBeauty, erzähle ich dir, wie man Gänseleberpastete zubereitet und warum man dazu einen Süßwein von Sauternes servieren sollte, wobei ich persönlich von der anderen Schule bin. Ich finde, zu einer Gänseleberpastete passt ein trockener Weißwein besser, wie etwa ein Riesling. Natürlich kann man auch Gänseleberpastete mit Champagne servieren, wenn es dir lieber ist. Champagne hat die Fähigkeit, fast alle Gerichte zu ergänzen. Da wir beim Thema Champagne sind: Woher kommt diese komische Phantasie hierzulande, Frühstück mit Champagne hätte eine gewisse Noblesse? Das ist einfach nur vulgär. Ach, LadyBeauty, ich könnte stundenlang über die Assoziationen zwischen Wein und Gerichten reden. Mit dir.

Aber was passiert, wenn LadyBeauty Vegetarierin ist? Das würde mich leider nicht wundern, jede zweite Frau in Deutschland scheint mir Vegetarierin zu sein. In diesem Fall bin ich gewillt, die Gänseleberpastete zu opfern. Die Gänseleberpastete darf unsere deutsch-französische Bio-Liebe nicht in Gefahr bringen.

LadyBeauty beschreibt sich als «zielstrebig, liebevoll und ehrgeizig». Das finde ich gut. Ziele sind wichtig. Gleichzeitig besorgt es mich ein bisschen, dass sie nicht humorvoll, unternehmungslustig und spontan ist. Da stimmt etwas nicht. Entweder ist LadyBeauty nicht normal oder sie ist nicht deutsch. Was für mich im Namen der deutsch-französischen Liebe natürlich nicht in Frage käme. Das wäre, wie man auf Internetdeutsch sagt, ein klares «No-go». Aber als hätte LadyBeauty meine Gedanken gelesen, schreibt sie zwei Sätze weiter, auch Spontaneität müsse geplant werden. LadyBeauty, du bist doch deutsch! Nur eine deutsche Madame kann so was schreiben! Überwältigt vor Freude lese ich weiter.

Sie lache, wenn sie könne, und weine, wenn sie wolle, schreibt LadyBeauty. Das überfordert jetzt gerade mein Verständnis, aber man sollte auch nicht bei allem nachfragen. Sie suche «eine Mischung aus Macho und Prinz Charming». Damit beschreibt sie mich ziemlich genau. Handkuss in der Öffentlichkeit, Handschellen im Bett, ich bin Gentleman und Bad Boy in einem. Ich, ihr zukünftiger Partner, wisse, was ich wolle. Und ich soll mit beiden Beinen fest im Leben stehen. Schon wieder? Das muss wohl eine Obsession sein. Vertrauen und Respekt sollen in unserer Beziehung eine große Rolle spielen, Affären, One-Night-Stands («ONS») oder wankelmütige Personen stünden nicht «auf ihrem Plan». Wer das suche oder sei, könne «gleich mal weiterklicken». Aber LadyBeauty, ich bitte dich! Für wen hältst du mich denn? Gott bewahre mich vor solch sündigen Gedanken. Nur weil ich Franzose bin, heißt das nicht, dass ich die *ménage à trois* zum System mache. Ich bin ein treuer Franzose, und das ist kein Oxymoron.

Sie mag italienisches Essen und Sushi. Einmal mehr muss ich den Niedergang Frankreichs beobachten, das nicht mal mehr erwähnt wird, wenn es um Essen geht. Diese Flirtbörsen scheinen offenbar riesige Sushi-Restaurants oder Trattorien zu sein – nachweislich hundert Prozent der deutschen Frauen im Internet (kurz: DF2I) stehen auf Sushi und Penne arrabiata. *Tant pis*, dann werde ich meine Gänseleberpastete eben allein essen, LadyBeauty. Du kannst aber jederzeit probieren.

Nun, wie soll ich sein, um LadyBeauty verführen zu dürfen? Ich sollte «treu und tierlieb, bodenständig, charmant, gutaussehend, ehrlich, warmherzig, bescheiden, humorvoll, tolerant, zuverlässig, groß, männlich und gepflegt» sein. Sie sei 1,79 Meter groß und trage gern High Heels und «das kleine Schwarze», je nach Anlass. Wie toll! Endlich eine deutsche Frau, die zugibt, High Heels zu mögen! Ich werde sie sofort anschreiben. Allerdings sagt LadyBeauty von sich, sie sei in mancher Hinsicht konservativ und möchte keinen kleineren Mann an ihrer Seite haben. Deshalb ergänzt sie im Nachtrag, dass Männer unter 1,85 Meter bei ihr «0,0 Chance» haben.

Mein Herz blutet. Ich bin nur 1,83 Meter groß. Ich könnte mit meinen Schuhen natürlich mogeln und mit letzter Kraft 1,86 Meter erreichen. Ich weiß aber schon, wie es enden wird: Im Bett, ohne Schuhe, wird sie sofort merken, dass ich 1,83 bin und nicht 1,86. Sie wird ihr Kopfkissen nehmen, mich damit schlagen, «Du Schwein, du hast mich angelogen», und ich werde nackt um zwei Uhr nachts auf dem Hausflur landen, und dann werde ich LadyBeauty noch anflehen müssen, «LadyBeauty, kannst du mir bitte meine Sachen geben», irgendwann werde ich die Geduld verlieren und sie «blöde Kuh» anschreien, die Nachbarn werden darauf die Polizei rufen, und ich muss dann der Polizei erklären, um zwei Uhr nachts, dass ich draußen bin, nackt, weil ich nur 1,83 groß bin. Deshalb, bevor ich mir so etwas antue, lass ich es fallen, ohne jedoch die Genetik zu verfluchen, die mich zum norddeutschen Zwerg gemacht hat und mich daran hindert, mit LadyBeauty das deutsch-französische Traumpaar zu bilden, samt Wok, Sushi und High Heels. Um zwei Zentimeter habe ich vermutlich die Frau meines Lebens verpasst. So ist das mit der deutschen Frau. Es fehlt immer etwas. Bloß nicht darüber nachdenken und weiterklicken.

Klick, klick, ich hatte nicht mal die Zeit, um LadyBeauty zu trauern, schon hatte ich vor meinen Augen eine neue Kandidatin namens MiniMaus76. MiniMaus76 ist eine schöne Brünette mit schwarzen Augen. Sie kokettiert ein bisschen mit der Kamera mit ihrem tiefen Dekolleté und einem aufreizenden Lächeln à la *Catch me if you can*. Sehr verführerisch.

«Carpe diem», schreibt MiniMaus76 zu Beginn ihres Profils. Ah, endlich jemand, der mich versteht! «Carpe diem» ist die richtige Lebenseinstellung. Es ist erfreulich, dass die gefühlte Hälfte der DF2I das epikureistische Gebot von Horaz verinnerlicht hat. Schade nur, dass ich dieser Einstellung lediglich im Internet begegnet bin und nie im wirklichen Leben. Aber immerhin. Ja, MiniMaus76, lass uns den Tag kosten, ohne auf den nächsten zu vertrauen!

Das Profil von MiniMaus76 gleicht einer frischen Brise. Anstatt einer Liste von Eigenschaften hat sie ein Gedicht in ihr Profil eingestellt. Mit diesem Hang zur Poesie hat mich MiniMaus76 bereits gewonnen. Wen zitiert sie denn? Paolo Coelho. Ah. Den *Alchemist* habe ich wie jeder zweite Mensch auf diesem Planeten vor geraumer Zeit gelesen. Danach nie wieder. Eines Tages habe ich diese Ansammlung gnadenlosen Quarks aus meiner Bibliothek geschmissen. Abgesehen davon mag ich Paolo Coelho. Ich habe den Typ mal auf einer Podiumsdiskussion erlebt. Äußerst sympathisch, witzig, bescheiden und intelligent. Er kann bloß nicht schreiben, ohne kitschig zu werden, und könnte der Ghostwriter vom Dalai-Lama sein. Was hat nun Paolo Coelho gedichtet, was MiniMaus76 uns in ihrem Profil zur Lektüre gibt?

Ich danke allen, die meine Träume belächelt haben;
Sie haben meine Phantasie beflügelt.
Ich danke allen, die mich in ihr Schema pressen wollten;
Sie haben mich den Wert der Freiheit gelehrt.
Ich danke allen, die mich belogen haben;
Sie haben mir die Kraft der Wahrheit gezeigt.
Ich danke allen, die nicht an mich geglaubt haben;
Sie haben mir zugemutet, Berge zu versetzen.
Ich danke allen, die mich abgeschrieben haben;
Sie haben meinen Mut geweckt.

Blablabla ...
Blablabla ...
Blablabla ...
Blablabla ...
Blablabla ...
Blablabla ...

Vor allem aber danke ich all jenen,
die mich lieben, so wie ich bin;
Sie geben mir die Kraft zum Leben!

Danke.

Bitte.

Ich bin jetzt unschlüssig. Soll ich MiniMaus76 mit kleinen Zitaten von Yogitee-Beuteln antworten? Mit «Unendlich schönes Licht strahlt durch dein unendlich schönes Selbst» oder «Sei glücklich, so lange du atmest» würde ich sicherlich bei Mini-Maus76 punkten. Aber es reimt sich nicht besonders. Vielleicht *Was es ist* von Erich Fried? Hängt aber an der Wand jeder zweiten WG-Küche dieses Landes. Es hat «Stell dir vor, es ist Krieg, und niemand geht hin» ersetzt. Deshalb habe ich mich entschieden, dieses kleine Gedicht von Heine an MiniMaus76 zu schicken – eine Anspielung auf ihren Blick à la *Catch me if you can*, den ich so sexy finde:

Liebste, sollst mir heute sagen:
Bist du nicht ein Traumgebild',
Wie's in schwülen Sommertagen
Aus dem Hirn des Dichters quillt?

Aber nein, ein solches Mündchen,
Solcher Augen Zauberlicht,
Solch ein liebes, süßes Kindchen,
Das erschafft der Dichter nicht.

Basilisken und Vampire,
Lindenwürm' und Ungeheu'r,

Solche schlimme Fabeltiere,
Die erschafft des Dichters Feu'r.

Aber dich und deine Tücke,
Und dein holdes Angesicht,
Und die falschen frommen Blicke –
Das erschafft der Dichter nicht.

Klick. «Ihre Nachricht an MiniMaus76 wurde versandt!»
Ich will hoffen, dass MiniMaus76 mir ein Buch vorlesen würde. Ich finde diese Vorstellung reizend, sie hat starkes erotisches Potenzial. Dann würde ich ihr auch meinen französischen Lieblingsdichter vorlesen, Paul Verlaine. Ich kann der Versuchung nicht widerstehen, MiniMaus76 neben Heine das Gedicht *Chansons pour elle* von Verlaine zu schicken, als Vorgeschmack auf unsere heißen Nächte. Also eine zweite Mail gleich hinterher:

Ils me disent que tu es blonde
Et que toute blonde est perfide,
Même ils ajoutent «comme l'onde».
Je me ris de leur discours vide!
Tes yeux sont les plus beaux du monde
Et de ton sein je suis avide.

Ils me disent que tu es brune,
Qu'une brune a des yeux de braise
Et qu'un cœur qui cherche fortune
S'y brûle … Ô la bonne foutaise !
Ronde et fraîche comme la lune,
Vive ta gorge aux bouts de fraise !

Ils me disent de toi, châtaine :
Elle est fade, et rousse trop rose.
J'encague cette turlutaine,
Et de toi j'aime toute chose
De la chevelure, fontaine
D'ébène ou d'or (et dis, ô pose-
Les sur mon cœur), aux pieds de reine.

Ich könnte MiniMaus76 stundenlang zudichten. Ich werde dir alles übersetzen, *chérie*, wenn wir zusammenkommen. Nebenbei freue ich mich schon auf die «Wasserschlachten beim Zähneputzen», nach denen sich Minimaus76 sehnt, und wünsche mir, dass es jeden Tag regnet – denn MiniMaus76 will mein nasses Gesicht im Regen küssen. Habe ich schon erwähnt, dass sie unternehmungslustig, humorvoll und spontan ist? Alles spricht für sie.

Sie verabschiedet sich mit einem Satz aus *Der kleine Prinz* von Antoine de Saint-Exupéry. Zitate und Aphorismen sind in den Profilen fast so beliebt wie YouTube-Links: «Man sieht nur mit dem Herzen gut. Das Wesentliche ist für die Augen unsichtbar.» Mir fallen ganz andere Assoziationen ein, wenn ich an das Wesentliche und das Unsichtbare denke. Aber ich möchte MiniMaus76 ungern mit anzüglichen Bemerkungen verschrecken. Deshalb schreibe ich ihr ein anderes Zitat von Saint-Exupéry zurück: «Liebe besteht nicht darin, dass man einander anschaut, sondern dass man gemeinsam in dieselbe Richtung blickt.»

Einen Tag später habe ich eine Mail von MiniMaus76 in meinem Postfach. Die Gedichte von Heine und Verlaine haben sie wohl angesprochen.

«Hi, danke, aber ich verstehe kein Wort.

Was suchst du so?

LG, S.»

«Liebe S., ich suche die große Liebe.

Und du?

LG, A.»

Danach keine Antwort mehr. Ich war ehrlich, humorvoll, spontan – alles, was sie wollte. Und trotzdem keine Antwort. Warum? Ich werde es nie erfahren. Dabei war ich ganz sicher der «Mr. Right», den sie suchte.

Kann es sein, dass selbst im virtuellen All die deutsch-französische Liebe unmöglich ist? Bevor ich definitiv aufgebe und mit der Ente nach Paris zurückfahre, möchte ich einen letzten Versuch wagen. Getreu dem Motto «no risk, no fun» – auch eine beliebte Weisheit des elektronischen Anbaggerns.

Es dauerte nicht lang. Volltreffer. Sie heißt Wondergirl-BB. Sie suche nicht, sie wolle gefunden werden. Wondergirl-BB, ich habe dich gefunden! Welch lange schwarze Haarpracht. Und diese Rehaugen! Wondergirl-BB hat ein Alphabet erstellt, in dem sie sich selbst beschreibt. Sie ist A wie abenteuerlustig, H wie humorvoll, S wie Sauna, T wie typisch Skorpion.

«Mit mir kannst du Pferde stehlen!», sagt Wondergirl-BB. Diesen Spruch habe ich erst dank Onlinedating kennengelernt, wie viele andere auch. Stehlen, von stehlen-stahl-gestohlen? Genau. Pferde stehlen, wie im Wilden Westen? Ich bin sofort dabei, Wondergirl-BB! Wer will nicht ein bisschen Bonnie and Clyde spielen und Abenteuer erleben? In unserer modernen Welt zeichnen sich wagemutige Männer aus. Also gut, Wondergirl-BB, ich werde mit dir Pferde stehlen! Was man nicht alles machen muss. Dass Pferde stehlen etwas ganz Triviales bedeutet, habe ich erst später mitbekommen. Wondergirl-BB wird sich gefragt haben, warum zum Teufel ich Bonnie und Clyde spielen wollte. Ich höre schon ihr «Häh?».

Zwar sei sie nicht «Miss-Sporty 2009», aber Bewegung finde sie «toll». Sie mag den Duft von frisch gemähtem Gras und frischem Kaffee. Sie sei «50% Engelchen, 50% Teufelchen». Hoffentlich ist sie fünfzig Prozent Engelchen am Tag und fünfzig Prozent Teufelchen in der Nacht – und nicht umgekehrt. Achtung, jetzt kommt die No-go-Liste: «Unehrlichkeit, Arroganz, Ungepflegtheit, Egoismus, Intoleranz, Untreue, Spießer». Es hätte schlimmer sein können.

Wondergirl-BB wolle wieder dieses «Kribbeln im Bauch» spüren. Sie wolle wieder «Muskelkater vom Herzklopfen» haben. Wie jeder Mensch habe sie Ecken und Kanten, und ich solle damit umgehen können. Ich solle weltgewandt, offen und gebildet sein und Niveau und Esprit haben. Damit meine sie nicht die Hautcreme und die Klamottenmarke. Ich dürfe auch kein permanenter Brillenträger sein. Zuverlässigkeit, Treue und Ehrlichkeit sollen keine Fremdworte für mich sein.

Dann eine Liste:

- Er kennt Knigge und hat gutes Benehmen, kann sich auf jedem Parkett sicher und souverän bewegen
- kann auch mal fünfe gerade sein lassen und rumalbern, was das Zeug hält
- weiß, wer ER ist, was ER will und wo ER in seinem Leben steht
- hat den Kopf als auch das Herz frei, um eine Frau kennenzulernen und sich darauf einzulassen
- hat keine Kinder

- hat keine Tierhaarallergie
- ist nicht vor 1969 geboren
- 1,78 – 1,94 cm groß
- humorvoll, aber kein großer Witzeerzähler
- Nichtraucher
- sportlich
- ist nicht nur ein guter Erzähler, sondern auch ein genauso guter Zuhörer
- kann Lampen anbringen, Löcher bohren, Spinnen wegmachen und meinen Einkauf hochtragen, kennt sich aber gleichermaßen mit dem Bruttoinlandsprodukt aus
- familiär
- spontan
- ehrlich
- sieht wenig TV
- ist zufrieden mit sich, seinem Job und seinem Leben
- hat Freunde
- trinkt auch mal Alkohol, geht aber sonst maßvoll damit um
- keine Drogen etc.
- kann zugeben, wenn er Fehler macht
- hat keine perversen, krankhaften Neigungen
- täglich duschend
- schuldenfrei
- bartlos
- langweilt nicht mit Geschichten wie: «meine Exfreundin war ...»

Die Liste ist zwar lang, aber als ich jung war, habe ich dem Weihnachtsmann auch eine lange Wunschliste geschickt. Insofern darf ich dem Wondergirl-BB nicht übelnehmen, dass sie offenbar noch immer an den Weihnachtsmann glaubt. Das ist doch schön.

Eine solche Liste ist schon ein bisschen einschüchternd. Das weiß letztlich auch Wondergirl-BB. «Aber hey, keine Panik», schreibt sie beruhigend, «ich suche nicht Mr. Extrem Right.» Schade, da bin ich wohl nicht gemeint. Frauen ohne Anspruch waren noch nie mein Fall.

Perlesternchen77, Kathieoo8, LadyBeauty, MiniMaus76, Wondergirl-BB und wie sie alle heißen – so weit zu meinen Erfahrungen mit Singlebörsen.

«Das Wesen der Romantik ist die Ungewissheit», schreibt Oscar Wilde – ein Satz, den die meisten Damen leider nie gelesen haben.

«Pass auf», sagte Sophie, als ich ihr von meinen Internetbekanntschaften erzählte. «Die sind eigentlich schon viel weiter. Sie haben sich bewusst für die Mittelmäßigkeit entschieden, weil sie ganz genau wissen, dass, sobald du originell bist oder anders rüberkommst, du bestraft wirst. An den Rand der Gesellschaft gestellt, in die Ecke. Mit der Gefahr, sich einsam zu fühlen und allein zu bleiben.»

Die DF2I leidet unter dem von mir so titulierten Menükarten-Syndrom.

Ich war einmal mit einem Freund in Dresden in einer Bar. Die Bedienung war Anfang zwanzig, Studentin.

«Ich möchte einen Espresso, gemischt mit einer heißen Schokolade, bitte.»

Sie guckte etwas hilflos. «Nein, das ist leider nicht möglich.»

«Ah, warum?», fragte ich überrascht.

«Das steht nicht auf der Karte.»

«Ach! Das ist nicht schlimm», meinte ich freundlich kosend,

«Sie können einen Kakao vorbereiten, dann einen Espresso und dann beide vermischen. Oder?»

«Ja ...» Es war ihr offensichtlich unangenehm. «Aber nein, es tut mir leid. Das steht nicht auf der Karte.»

«Aber das macht doch nichts, oder?», sagte ich nochmal, weiter lächelnd. «Einfach einen Espresso in den Kakao reinschütten – und fertig!»

Die junge Studentin blickte in Richtung der Theke, wo sie verzweifelt nach Hilfe suchte, aber da war niemand. Sie musste jetzt eine schwierige Entscheidung treffen, die sie offenbar nicht verantworten konnte.

«Es tut mir leid, aber das steht nicht auf der Karte», wiederholte sie gebetsmühlenartig.

Alles klar. Die Gute war mit der Vorstellung, einen Espresso in einen Kakao zu schütten, total überfordert.

«Okay, dann bestelle ich einen Kakao und dazu einen Espresso.»

Erleichterung auf ihrem Gesicht.

Sie kam mit den zwei Getränken zurück. Ich vermischte sie vor ihren Augen.

«So einfach war das.»

Sie sagte nichts, grinste und ging weg.

Dieser Fall beschäftigt mich noch bis heute. Er ist in seiner Absurdität der krasseste Fall, der mir passiert ist – wohlgemerkt, völlig harmlos. Aber so geht's leider auch beim Onlineflirten in Deutschland. Die Kriterien der Typen müssen auf der Karte stehen bzw. auf der Liste sein. Sonst hat er keine Chance. Und so schaut man vor lauter Auswahlkriterien ständig an dem richtigen Gegenstück vorbei.

Eine französische Internetseite hat das Spiel zwischen Frauen und Männern auf die Spitze getrieben. Sie heißt *adopteunmec.*

com, was man etwa mit typzumverleihen.com oder typleasing.
com übersetzen könnte. Die Französinnen, die diese Seite gegründet haben, haben die Faustregel der Beziehungsanbahnung
gnadenlos umgesetzt. Diese Faustregel besagt, dass es die Frau
ist, die den Markt bestimmt. Jeder kennt das aus eigener Erfahrung: *L'homme propose, la femme dispose.*

Im Gegensatz zu den anderen Partnerbörsen kann der Mann
in diesem Portal die Frau nicht anmailen. Wenn er die Frau attraktiv findet, darf er ihr lediglich einen Zwinker schicken (*un
charme*). Falls die Frau Interesse hat, erlaubt sie ihm, ihr eine
Mail zu schreiben. Dann kann der normale Prozess des Onlinedating beginnen.

Auf dieser Seite kaufen und konsumieren die Frauen die Pro-
dukte, die Männer, die wiederum auf ihrem Profil versuchen, sich
am besten zu verkaufen, anhand schöner Bilder und möglichst
verlockender Texte. Die Männer werden zu Objekten.

So eine Seite würde ich mir auch in Deutschland wünschen.
Sie würde die Härte des Internets nicht mildern, aber diese
schwermütige Suche wenigstens etwas auflockern.

Floskeln habe ich auf Online-Portalen kennengelernt, eine
Frau dagegen nicht. Einmal mehr musste ich feststellen, dass
die deutsch-französische Liebe sich nicht finden lässt. Wenn sie
selbst im virtuellen All nicht zu finden ist, dann existiert sie nirgendwo. Und nach jahrelangen Ermittlungen habe ich endlich
den Hauptschuldigen für diese traurige Tatsache festgehalten:
den deutschen Mann.

Der deutsche Mann:
die Romantik, die Moral und
das Werther-Syndrom

*S*eit sieben Jahren und sechs Kapiteln versuche ich, die unerklärliche Haltung der deutschen Frau in Sachen Flirten zu verstehen. Diese Sisyphusarbeit hat jetzt ein Ende. Werte Leserinnen, vergesst alles, was ich bislang geschrieben habe. Die Unfähigkeit der deutschen Frau, sich auf das Spiel des Flirtens einzulassen, liegt weder an der Verkrampftheit der Betroffenen noch an ihrer mangelnden Leichtigkeit, noch an ihrem konfusen Verhältnis zur Weiblichkeit, an der deutschen Leistungsgesellschaft oder an dem protestantischen Authentizitätsgebot.

Nein. Das Problem liegt woanders.

Das Problem der deutschen Frau ist der deutsche Mann.

Der deutsche Mann lädt die deutsche Frau zum Fußballgucken ein – und guckt Fußball.

Damit fangen die Probleme generell an und meine besonders. Wenn der Franzose die deutsche Frau zum Fußballgucken einlädt, geht sie davon aus, dass sie tatsächlich Fußball gucken wird. Die Gute kann ja nichts dafür. So wurde die Frau seit Jahrzehnten sozialisiert. Was passiert dann? Sie kommt zu ihm. Zur Begrüßung küsst er sie auf die Wange. Da denkt die deutsche Frau schon «Häh?». Danach machen sie es sich gemütlich, und der Franzose öffnet eine Flasche Champagne. Das ist aus Sicht eines Franzosen nichts Ungewöhnliches, die deutsche Frau jedoch denkt «Huch». Danach, beim Trinken, denkt sie «Was will der von mir?», statt sich darüber zu freuen (wir gehen davon aus, dass sie ausnahmsweise nicht zur Kategorie Prosecco oder Weißweinschorle gehört). Ein bisschen später signalisiert der Franzose mit eindeutiger Körpersprache, dass eine dritte Halbzeit guttun würde, so mal zur Entspannung. Da verschanzt sich die deutsche Frau in größter Eile auf der Toilette und schickt eine SMS an ihre Freundin, die wie vereinbart auf Rufbereitschaft ist und sich deshalb sofort meldet. Die deutsche Frau verabschiedet sich gleich nach dem Anruf mit einem «Duuuu» und erzählt umgehend ihrer Freundin, wie unverschämt dieser Franzose sei – «Aber hallo, geht's noch?» –, der sie zum Fußball einlädt, obwohl er eigentlich nur das eine will: Sex.

Dennoch genießt die deutsche Frau das Flirten des Südländers. Sie ist nur entsetzt, dass es plötzlich ernsthafte Konsequenzen haben könnte. Daran ist sie nicht gewöhnt. Warum? Weil sie seit je an die großartige Balzstrategie des German Lovers gewöhnt ist. Der German Lover, berühmt in der ganzen Welt für seine Flirttalente, traut sich nie etwas, gibt sich mit kumpelhaftem Ton zufrieden, schwebt beim Knutschen auf Wolke sieben und schlägt seiner Exfreundin vor, die ihn gerade verlassen hat, ihr beim Umzug zu ihrem neuen Freund zu helfen. Angesichts dieser Umstände ist es nicht weiter verwunderlich, dass der Franzose als Sexbesessener erster Klasse gilt, nur weil er Champagne anbietet.

Der deutsche Mann ist beim Flirten Opfer der deutschen Tugend. Was meine ich damit?

Die deutsche Ingenieurstechnik ist weltberühmt. Deutschland ist ja nicht umsonst Vize-Exportweltmeister. Das fällt nicht vom Himmel. Dafür ist vieles erforderlich, wie zum Beispiel Genauigkeit, Sachlichkeit und Pragmatismus. Diese Qualitäten prägen den deutschen Mann. Dazu noch eine tiefe Zuneigung für Ordnung und Pünktlichkeit. Diese explosive Mischung hat viele positive Seiten, sei es im Bereich Maschinenbau, Solaranlage oder Autowerke. Das «Made in Germany» genießt weltweit hohes Ansehen und steht für Zuverlässigkeit, Solidität und Effizienz. Und wenn etwas nicht fehlerfrei läuft, dann gerät man in Rechtfertigungsnot. Es kommt nicht von ungefähr, dass man hier sagt: «Bei dir ist eine Schraube locker.»

Nun, all diese Qualitäten sind ja wunderbar.

Für die Wirtschaft.

Für den Rechtsstaat.

Für die WM-Organisation.

Nicht für das Flirten.

Beim Flirten muss man eine Schraube locker lassen, manchmal sogar zwei. Ich habe mich oft gefragt, ob der Preis für unsere Flirtkultur und das *Savoir-vivre* die schlechten französischen Autos sind und umgekehrt, ob die desolate deutsche Flirtkultur der zu zahlende Preis für die hervorragenden deutschen Autos ist. Ein Glück *en passant*, dass sich das Flirten schlecht erwirtschaften lässt. Sonst würde die deutsche Außenhandelsbilanz schlimmer aussehen als die französische (Zur Erinnerung: Ein Minus von 43 Milliarden Euro für Frankreich im Jahr 2009, ein Überschuss von 136 Milliarden Euro für Deutschland im selben Jahr. Kein Kommentar).

Wenn man mit der deutschen Frau über den deutschen Mann spricht, dann legt sie los. Unter vielen Anklagen beschwert sie sich vor allem darüber, dass der deutsche Mann keine Ahnung habe, wie man eine Frau anspricht. Damit greifen wir ein wichtiges Problem auf: die fehlende Initiative des deutschen Mannes beim Flirten.

«Ich bin in einer Bar», erzählte mir eine Freundin aus München, «ich gucke einen Typ an, einmal, zweimal, dreimal. Er guckt mich an, unternimmt aber nichts. Was soll ich noch tun, damit er sich bewegt? Nackt auf der Theke tanzen? Ich habe danach aufgehört.» Das sagt eine attraktive Blondine. Würde sie so etwas in einer Pariser Bar tun, hätte sie auch schnell aufgehört, allerdings aus anderen Gründen. Ein Überschuss an Bewerbern kann ja auch lästig sein.

«Es ist wirklich frustrierend», meinte auch Sophie. «Als ich Single war, saß ich auf Partys oft allein. Du siehst all die Idioten, die rumknutschen und Sex haben, und eine hübsche Blondine bleibt alleine. Kein Typ kommt zu dir. Du denkst, okay, ich muss etwas verdammt falsch machen. Danke, deutscher Mann. Danke für dieses beschissene Gefühl.»

Sind diese Anekdoten nicht bitter? Nicht nur die deutsche Frau klagt über den deutschen Mann – auch die Französin. Marie besuchte mich vor geraumer Zeit in Deutschland. Sie kam unter der Woche, sodass sie tagsüber Hamburg allein besichtigte. Sie ging ins Museum, verweilte in der Stadt und genoss den Blick auf den Hafen. Sie war begeistert. Bis auf einen Punkt.

«Sag mal, was sind denn das für Typen, die Deutschen?», fragte sie mich, als wir uns am Abend in einem Restaurant trafen.

«Wie meinst du das?»

«Hier guckt dich keiner an!», empörte sie sich.

Marie ist nicht daran gewöhnt, durchsichtig zu sein. Marie ist eine Passionata. Ihre anmutige Silhouette fällt sofort auf, ihre langen schwarzen Haare und ihre Augen erledigen den Rest. Sie ist nicht umsonst Tanzlehrerin. Ein Mann ist ihr in der Regel zu wenig, es sei denn, sie ist verliebt. Ich bin selten so viel positiver Energie in einer Person begegnet. Wenn wir zusammen unterwegs sind, unterhält sie mich damit, die Charaktermerkmale der Männer anhand ihrer Körperhaltung zu analysieren. Das ist sehr lustig und immer glaubwürdig.

«Ich habe ihnen direkt in die Augen geguckt, aber nichts! Kein einziger Typ hat mich angeschaut!», schimpfte Marie weiter. «Das ist noch schlimmer als in England!»

«Marie, schlimmer als England gibt's nicht», erwiderte ich.

Davon konnte ich aber Marie nicht überzeugen. Ich fürchte im Nachhinein sogar, dass sie recht hatte.

«Wenn ein Typ in Deutschland dich nicht anguckt, dann will er etwas von dir», erklärte mir Steffi, als ich sie zu diesem Thema befragte – ihre Antwort bestätigte Maries Ansatz. «Du meinst, wenn er dich anguckt, oder?» – «Nein, genau so. Wenn er dich *nicht* anguckt.»

«Ah ja. Und wie unterscheidest du den Typ, der dich nicht anguckt, weil er dich nicht gesehen hat oder weil er kein Interesse hat, von dem Typ, der dich nicht anguckt, weil er auf dich heiß ist?»

«Genau das ist eins der größten Probleme der deutschen Frau.»

Nach all diesen Klagen bat ich Jo, er möge mir erklären, welche Eigenarten der deutschen Männerwelt dafür verantwortlich sind, dass ich mir dieses internationale weibliche Lamento anhören muss. Zugleich machte ich ihn auf die besorgniserregende Situation der Flirtkultur in Deutschland aufmerksam, die dadurch entsteht, und ihre unmittelbare Folge, die schrumpfende Einwohnerzahl dieses Landes.

Jo seufzte. Ihm war die Dramatik der Lage bewusst.

«Die Deutschen neigen zu sexuellen Korrektheiten», meinte Jo. «Wir Männer haben Angst, abgelehnt zu werden. Der Zwang zur Initiative ist eine große Belastung.»

«Das ist aber für jeden Normalo dieser Welt das Gleiche.»

«Für uns Deutsche liegt aber die Hemmschwelle, Konventionen zu brechen, sehr hoch.»

«Wieso das?»

«Weil wir Ordnung lieben. Das ist das große Gebot des Deutschtums», sagte Jo, Goethe zitierend: «Das Gesetz nur kann uns Freiheit geben.»

«Deutschland war immer beherrscht von Kleindiktatoren, die Willkür gegenüber der Bevölkerung ausübten», erklärte er. «Deshalb waren die Aufklärer so begeistert vom Gesetz, das dem Volk Freiheit zusicherte. Das ist, wenn du es personalisierst, der Grund, warum alles hier so wahnsinnig reguliert ist. Der Ordnungswahn zieht sich bis ins Private hinein. Deshalb hatten wir auch eine so schöne Fußballweltmeisterschaft in unserem Land.»

Das Sommermärchen lebt tatsächlich noch in allen Köpfen.

«Deutsche mögen es, wenn man ihnen Führung gibt. Das führt dazu, dass wir so wenig Phantasie haben. Regeln geben Sicherheit», sagte Jo und fasste in einem Satz zusammen: «Früher war es die NSDAP, heute heißt es GPS.»

Der deutsche Mann hat tatsächlich überall Schilder im Kopf. Ganz viele kleine Schilder, die blitzen und sagen: «Achtung!», «Falsch!», «Verboten!», «Gefahr!», «Halt!», «Nein!». All diese kleinen Schilder führen dazu, dass man in Deutschland bei Rot die Straße nicht überquert, obwohl es weit und breit kein Auto zu sehen gibt – siehe Kapitel 3. Und dass man sich als Outlaw fühlt, wenn man flirten will, ebenso wie man das Gefühl hat, ein fremdes Territorium ohne Erlaubnis zu betreten, wenn man die Besucherritze überquert.

«Das alles sind kleine Erscheinungsformen eines grundsätzlichen Phänomens», bestätigte Christoph. «Der Deutsche liebt seine Sicherheit. Auf einmal soll er sich aufs Glatteis bewegen? Das bedeutete ja Kontrollverlust. Das geht gar nicht. Die Renten sind hier sicher.»

«Das wiederum ist doch gut», entgegnete ich.

«Das ist in der Tat positiv, aber das heißt, dass wir die ganze Zeit kontrolliert sind. Beim Flirten musst du deine Selbstkontrolle aufgeben. Wir bewundern Frankreich fürs *laissez-faire*. Aber wir finden es nur schön, solange wir es beobachten. Flirts haben eine Veränderungskraft. Ich glaube, wir Deutschen sind große Schisser. Es existiert hier eine Zaghaftigkeit, Veränderung herbeizuführen. Wir wollen Ordnung, weil wir ganz große Angst vor Unordnung haben.»

Deshalb auch der Alkohol. Der hilft, sich selbst zu täuschen. Das ist allerdings kein deutsches Phänomen, aber hier wird es zum System. Um eine Frau überhaupt ansprechen zu können, muss der deutsche Mann in der Regel erst mal fünf Bier trinken. Aus einem zurückhaltenden Menschen wird ein aufdringlicher Typ, der loslegt. Die Hemmungen werden kurzfristig abgelegt, flirten kann er aber immer noch nicht.

«Der deutsche Mann setzt sich unter Drogen, bevor er eine Frau anspricht», sagte mir eine Freundin. «Und die Frau weiß, dass sie den Mann unter Drogen setzen muss, das gehört einfach zum Spiel. Der deutsche Mann muss sich jede Menge Mut ansaufen, bis er etwas unternimmt. Man labert, man labert, man labert und führt gleichzeitig einen Kontrollverlust her. Man arbeitet am Kontrollverlust, anstatt die Kommunikation spielerisch zu gestalten. ‹Willst du auch noch ein Bier?› Das ist die zweite Runde. Wenn man sich dreimal Bier geholt hat, ist man breit. Und dann muss geknutscht werden. Man genießt nicht die Gesellschaft, nein, man wartet, bis man breit wird, um zu küssen.»

Eine dänische Bekannte hatte in Deutschland einmal einen gutaussehenden deutschen Typ im Auge. Er lud sie mehrmals zum Essen ein. Nach der dritten Einladung, und nachdem Lene ein wenig ungeduldig wurde, fragte der Typ, ob er sie das nächste Mal auf eine heiße Schokolade treffen könne.

«Kannst du dir das vorstellen? Er fragt mich nach einer heißen Schokolade, nachdem wir uns schon dreimal gesehen haben!», sagte sie mir. Dieser dämliche Vorschlag regte sie immer noch sichtlich auf, als sie die Geschichte erzählte.

Lene wurde klar, dass ihre Beute etwas Unterstützung bräuchte, sonst würde es mit diesem lahmarschigen Schönling nichts. Sie hat ihn also verführt und ihm gleichzeitig das Gefühl dabei gegeben, er hätte die Initiative ergriffen – das können die Frauen auf der ganzen Welt wunderbar.

Mit diesem Trick hat sie ihn bekommen, und sie hat sich allein bei dem kleinen Unterfangen, den jungen Mann als Marionette zu behandeln, köstlich amüsiert. Jetzt aber die Pointe: Nachdem Lene dafür gesorgt hatte, ihn ins Bett zu kriegen, fiel dem Typ nichts Besseres ein, als sich in sie zu verlieben. Und das, obwohl er aus beruflichen Gründen für zwei Jahre ins Ausland ziehen musste. Mit jammernder Stimme rief er aus Tausenden Kilometern Entfernung an. Lene fand es einfach lächerlich.

Oder dieser Typ, Anfang dreißig, der sich einen ganzen Abend mit einer Frau unterhält und denkt, er habe sich in sie verliebt. Bis jetzt nichts Verwerfliches. Nur muss er sie deshalb nicht am nächsten Tag um zwei Uhr nachts anrufen, um ihr «I just called to say I love you» von Stevie Wonder vorzuspielen. Das ist nicht mal «schön» oder «süß», das ist einfach nur doof.

Mit den zwei letzten Beispielen sind wir bei einem Punkt angelangt, der bislang zu wenig berücksichtigt wurde, der jedoch eine entscheidende Rolle für die Lage der Flirtkultur hierzulande spielt: die Romantik. Mit Romantik meine ich nicht ein Diner zu zweit bei Kerzenlicht, sondern die kulturgeschichtliche Epoche.

Der deutsche Mann wurde im Land der Romantik geboren. Der Arme kann nichts dafür. Wenn es aber ums Flirten geht, ist das das Schlimmste, was einem Mann überhaupt passieren kann. Die Romantik ist für den Flirt, was die Manguste für die Kobra ist: der natürliche Feind. Das Motto der Romantik lautet: Ich leide, also bin ich. Die Romantik zelebriert das Leid. Der Flirt zelebriert das Leben. Die Romantik, *voilà l'ennemi*.

Der Romantiker leidet. Das ist sein Schicksal. Wenn er nicht leidet, geht's ihm schlecht. In der Vergangenheit liegt sein Glück. Herbst ist seine liebste Jahreszeit. Der Herbst verkündet den Tod, den Winter. Das tut dem Romantiker gut. Zumal Winter ja die Zeit der Gemütlichkeit ist. Auch schön. Neben dem Leid pflegt der Romantiker die Wehmut, die Schwermut und die Sehnsucht, allesamt noble Gefühle, die er mit Ernsthaftigkeit und Ehrlichkeit assoziiert. Die Leichtigkeit, die Bagatelle, das Augenzwinkern verbindet er dagegen mit Frivolität und Oberflächlichkeit, sie sind ihm deshalb zutiefst verhasst. Leichtigkeit ist kein ernst zu nehmendes Gefühl. Und wenn es nicht ernst ist, dann ist es auch nicht wahr. Also ist es eine Lüge. Das Leid dagegen ist Wahrheit.

Der Romantiker reitet in einer Vollmondnacht in den Wald wegen einer Frau, die er liebt. Die Gute weiß nichts davon, aber das ist sowieso nicht das Problem des Romantikers. Die Liebe ist für ihn nur Vorwand, um zu leiden und sich mit dem Leid zu erfüllen. Oder, andere Variante, er hatte vor vierzehn Jahren etwas mit einer Frau. Die Geschichte dauerte vier Tage, sie hatten ein halbes Mal Sex, dann hat sie ihn verlassen. Seitdem ist der Romantiker schwer verliebt und hat ihr ewige Treue geschworen. Falls der Romantiker eine Frau trifft, die ihn liebt, dann kann sie *per se* nicht die Richtige sein, denn er fürchtet nichts mehr als die Verwirklichung der Liebe. Die Liebe darf nicht möglich sein, deshalb wird sie zeitlich verlegt. Die Liebe *war* oder *hätte sein können*, sonst würde der Romantiker nicht mehr leiden – und dann wäre er kein Romantiker mehr.

Den Wald mag der Romantiker sehr. Er ist der Urort der Menschheit. Aus dem Wald kommt der Mensch. Also verbindet der Romantiker den Wald mit dem Ursprung, deshalb auch mit der Wahrheit, der Ehrlichkeit, dem Unberührten. Im Wald, bei Vollmond, entfaltet sich der Romantiker. Im Wald sucht sich der Romantiker einen Ort aus. Am liebsten mit Ruinen. Ruinen findet der Romantiker geil. Ruinen sprechen in der Gegenwart die Sprache der Vergangenheit. Dort wird er seinen Schatz, sein Glück, seine Liebe oder irgendetwas anderes zu Grabe tragen, denn der Romantiker begräbt gern. Fast so gern wie er weint. Weinend begräbt der Romantiker seine Liebe. Danach, weiter weinend, kehrt er nach Hause zurück, liest ein letztes Mal seinen Lieblingsdichter Eichendorff, schreibt einen Abschiedsbrief an die geliebte Frau, die ihn nicht kennt, und begeht Selbstmord.

Ist nicht der Tod das ultimative Zeichen der Liebe? «Eine Sache ist nicht unbedingt richtig, nur weil jemand dafür gestorben ist», hat Oscar Wilde geschrieben. Der Romantiker verabscheut eine solche ironische und unverantwortliche Weltanschauung. Das Leid dient dem Romantiker, um der Außenwelt die Reinheit seiner Gefühle zu beweisen und damit seine moralische Überlegenheit. Das ist das Perverse an der ganzen Sache: Sogar dahinter steckt noch die Moral.

Kurzum, werte Leserinnen und Leser: Der Romantiker ist ein gefährlicher Typ der übelsten Sorte. Er misst alles an seinem Leid. Nichts kann seinen Schmerz übertreffen. Deshalb kann er jede Grausamkeit ausführen – und möchte dafür noch geliebt werden. Sein Lieblingssatz lautet: «Ich kann nicht anders.»

Die Urfigur der Romantik heißt Werther. Goethes Werther prägt und gestaltet das kollektive deutsche Unterbewusstsein seit mehr als zweihundert Jahren. Noch heute wird uns diese tragische Figur als das A und O der bedingungslosen Liebe verkauft – ein Unfug sondergleichen und einer der erfolgreichsten Missbräuche des Begriffs «Liebe» in der Geschichte überhaupt. Der Einzige, der daran nicht geglaubt hat, war Goethe selbst. Et pour cause: Der Johann Wolfgang hatte Weib am Hals ohne Ende. Die Legende von Werther setzt sich jedoch bis heute fort; und in jedem deutschen Mann schläft ein Mini-Werther, wie in jeder deutschen Frau eine Mini-Alice-Schwarzer steckt. Fürs Flirten eine explosive Mischung.

Bevor wir uns weiter mit dem Fall Werther beschäftigen, hier eine Zusammenfassung von *Die Leiden des jungen Werthers*, für diejenigen, die in der Schule den Deutschunterricht geschwänzt haben. Ich mache es kurz.

Werther steht auf Lotte. Eine geile Brünette mit schwarzen Augen. Der Wahnsinn. Er ist total scharf auf sie. So. Jetzt aber voll das Problem: Sie hat einen Macker. Albert. Voll uncool. Geht gar nicht. Der Depp ist zwar auf Reise, aber Lotte ist treu. Na ja, sie flirtet schon mit Werther, und sogar mehr als ein bisschen. Aber trotzdem nein. Werther ist voll traurig. Voll der Needy. Dann kommt der Macker zurück. Die Sache ist gegessen. Sie machen eine *ménage à trois*, aber à la deutsch. Sprich: Sie machen gar nichts. Kein flotter Dreier, keine Affäre, nichts. Werther macht sich trotzdem Hoffnungen, weil Lotte ihn irgendwann doch heiß anmacht. Die Nummer «Ich hab dich lieb». Schlampe. Werther will sterben. Und begeht Selbstmord. *Fin.*

Ich habe darüber oft phantasiert, wie es wäre, wenn plötzlich Don Juan in der Geschichte auftauchen und Werther mal richtig zeigen würde, worum es geht. Don Juan hätte sich nach einem Besuch bei einer seiner zweihunderteinunddreißig deutschen Liebhaberinnen verlaufen und würde auf dem Rückweg an die Tür eines Herrenhauses klopfen. Ein Edelmann suche für die Nacht ein Dach. Es werde dunkel und die Wege seien unsicher, sein Pferd sei erschöpft. Ob die gnädige Frau gewillt sei, ihm für diese Nacht ihre Gastfreundschaft anzubieten?

Schwierig für Lotte, einem eleganten Ritter diese Bitte abzuschlagen. Nach dem Abendessen spielte man Karten, das war so amüsant. Und diese Blicke, bei Kerzenlicht. Danach spielte Lotte am Klavier. Don Juan setzte sich neben sie – wer sonst würde die Seiten der Partitur umblättern? Beim Tanzen die ersten Berührungen. Werther geht schlafen, er war müde. Don Juan und Lotte hätten weitergetanzt.

Et *voilà*. Was bitte ist daran so schwierig?

Lotte wäre die zweihundertzweiunddreißigste deutsche Liebhaberin von Don Juan gewesen. Werther hätte sowieso nichts mitbekommen. Als Lotte beim Orgasmus aufstöhnte, dachte er, Lotte lache für diese Uhrzeit ein bisschen laut.

Nach der wilden Nacht ist Don Juan bester Laune. Werther eher melancholisch. *As usual.*

«Komm, lass uns in einer Kneipe gehen», sagt Don Juan zu Werther. «Gibt es eine Kneipe um die Ecke?»

«Ja.»

«Wie heißt sie?»

«Zur Hölle.»

«Bestens. Lass uns dahin fahren.»

Sie verabschieden sich von Lotte. Lotte fragt, ob sie Don Juan wiedersehen werde. Don Juan antwortet natürlich ja, geht und dreht sich nicht um. Werther viermal. Deshalb stolpert er auch über einen Stein, während er mit seinem Seidenschal Lotte zuwinkt, obwohl sie schon längst ins Herrenhaus zurückgekehrt ist.

In der Kneipe Zur Hölle.

«Mein Junge, du bist ein netter Typ, ich mag dich. Nenn mich DJ, okay? Rauchst du?»

«Nein.»

«So, erzähl mal. Ich habe den Eindruck, du bist nicht so ganz glücklich. Was ist los mit dir?»

«Ich will sterben.»

«Das passiert früher oder später. Warum willst du sterben?»

«Ich leide.»

«Wieso?»

«Eine Frau.»

«Du leidest wegen einer Frau? Hat sie dich verletzt, war sie böse mit dir, bumst sie mit anderen Typen in deiner Gegenwart?»

«Ich liebe sie.»

«Und wer ist das? Die Brünette?»

«Ja.»

«Eine gute Wahl, mein Junge, eine gute Wahl. Die Frau ist im Bett eine echte Kanone. So was habe ich noch nie erlebt. Die hundert Tussis in Frankreich, die tausendunddrei Doñas in Spanien, sie waren alle Peanuts im Vergleich. Wie heißt sie nochmal?»

«Lotte.»

«Stimmt. Also du liebst Lotte. Das ist doch schön! Was gibt's da zu leiden?»

«Selbst das Universum ist zu klein für meine Liebe. Niemand kann verstehen, was ich empfinde. Niemand.» Werther weint.

«Was machst du dafür, dass sie dich liebt?»

«Ich weiß nicht. Sie ist so schön.»

«Unternimmst du irgendetwas? Bringst du sie wenigstens zum Lachen? Hofierst du sie, wie es sich gehört?»

«Ich wollte einmal Mandoline unter ihrem Fenster spielen.»

«Gut! Sie hat sich bestimmt gefreut.»

«Die Jalousien waren zu, sie schlief. Ich wollte sie nicht aufwecken», sagt Werther, in die Leere guckend.

«Ah ja ... Ich verstehe langsam das Problem», sagte DJ.

«Soll ich ihr einen Brief schreiben? Ich wollte ihr so etwas wie ‹Die Art, wie du deine Haare kämmst, hat mich berührt› auf einem hellblauen, leicht parfümierten Blatt Papier schicken.»

Don Juan massiert sich die Schläfen.

«Du schreibst nichts. Was machst du denn mit ihr die ganze Zeit, wenn ihr allein seid?»

«Wir reden über schöne Sachen. Wir schreiben Gedichte ...»

Don Juan nickt.

«... wir spielen auch Verstecken ...»

Don Juan nickt weiter.

«Einmal hat sie das Taschentuch, das ich ihr geschenkt hatte, an sich versteckt, und ich sollte suchen.»

«*La petite coquine* ...! Die Frau gefällt mir. Das erinnert mich an Doña Francesca in Salamanca, dieses Spiel haben wir auch gespielt. In einem Mönchskloster. Phantastisch. Du solltest das unbedingt in einem Kloster probieren. Nachts.»

«In einem Mönchskloster? Das ist doch verboten!»

«Und wo hatte deine Hübsche ihr Taschentuch versteckt?»

«Ich habe es nicht gefunden.»

DJ schüttelt mit bestürztem Blick den Kopf.

«Ich kann, ich darf sie nicht berühren, im Namen meiner unendlichen Liebe ...»

«... die niemand verstehen kann. Ich weiß schon», sagt DJ.

«Das Spiel war so herrlich», seufzt Werther weiter. «Es war

an einem lauen Nachmittag mit einem leichten Wind. Wir liefen auf der Wiese im Garten. Ich habe Blumen für sie gepflückt.»

«Und auch Schmetterlinge gejagt?»

«Ja! Woher weißt du das?!»

«Alles klar. Lass mich jetzt mal ein bisschen technisch sein. So kriegst du sie nie. Niemals. Nunca. *Jamais.* Sie weiß ganz genau, dass du ihr hinterherläufst. Du bist total in der Friendzone gelandet. Du musst jetzt da raus, sonst existierst du für sie nur als netter Kumpel.»

«Was muss ich tun?»

«Meine Methode würde dir nicht passen. Ich helfe dir trotzdem: Hat sie eine Freundin, oder kennst du ein Mädel in der Gegend?»

«Ja. Margarethe.»

«Ist sie scharf?»

«Nein. Sie ist 1,78 groß, blond, hat lange Beine und einen riesigen Busen. Sie trägt immer roten Lippenstift, und jedes Mal, wenn sie mich sieht, macht sie so mit der Zunge. Widerlich.»

«Ich glaube, ich werde einen Tag länger hierbleiben ...»

«Ich möchte mit Lotte in den Sonnenuntergang blicken, Hand in Hand. Vielleicht sehen wir sogar den grünen Lichtstrahl.»

«Hör zu. Nächstes Mal, wenn du dich mit Lotte zum Schach verabredest oder so ein Unding, sagst du ihr: Heute kann ich nicht, ich bin mit Margarethe verabredet.»

«Ich kann Lotte so etwas Böses nicht antun.»

«Ich weiß gar nicht, warum du leidest.»

«Schuld ist Lotte, die ich liebe.»

«Was für ein Quatsch. Hättest du Lotte in den Armen, würdest du komplett überfordert sein.»

«Ich will ihre Hand.»

«Fang erst mal mit ihrer Brust an. Dann kriegst du ihre Hand. Du machst alles verkehrt herum. Mit dir fühlt sich Lotte als alles, bloß nicht als Frau.

«Lotte ist kein Sexobjekt, und sie wird es nie sein!»

«Darum geht's doch überhaupt nicht. Du hast wirklich definitiv null Komma nichts kapiert in der ganzen Sache. Du begehrst sie nicht, du himmelst sie nur an, wie ein Eunuch.»

«Ihr Herz ist mir heilig. Und welche Anmut, wenn sie aus dem Fenster schaut ...!»

«Dann nimm ein Gemälde von ihr. Du hast letztlich nur Angst. Vor ihr, vor der Liebe, vor der Welt, vor allem.»

«Es ist alles vergebens, sie hat einen Mann.»

«Seit wann ist das ein Problem? Sie mag dich. Ich habe nicht den Eindruck, dass in der Beziehung mit ihrem Typ Leidenschaft herrscht.»

«Es wäre unmoralisch.»

«Ah, die Moralkeule. Die habe ich schon vermisst. Erspar mir bitte diesen Quark. Wenn es eine Frage der Moral wäre, dann hättest du dieses Gespräch mit mir gar nicht anfangen dürfen. Du schiebst die Verantwortung für dein Leid ständig auf andere Sachen. Steh mal wenigstens einen Tag lang zu Lotte, statt in deinem Leid zu baden. Die Moral ist ja wieder nur ein Vorwand. Was willst du eigentlich? Dass Lotte dir sagt, ‹Ja, du darfst mich anflirten› oder ‹Ja, nimm mich›? Du unternimmst nicht das Geringste, um sie zu erobern, aber du verlangst von ihr Hingabe. Und noch dazu, dass sie dich dafür anbetet. Ganz schön pervers, der Werther.»

«Es wird spät, ich will Lotte nicht zu lange allein lassen.»

«Lass uns uns amüsieren! Nebenan, im großen Saal, ist eine Hochzeitsparty, und die Braut und ich hatten schon ein paarmal heißen Eyecontact. Ich bleibe noch hier.»

«Du bist ein Elender. Lotte hat schon zu lange gewartet. Sie macht sich sicherlich Sorgen.»

«Und ich mache mir Sorgen um dich, mein Junge. Aber egal. Lebe wohl. – Sie tanzen wunderschön, gnädige Frau, darf ich Sie einladen?»

Werther ist viel lebendiger, als wir denken. Und die Vielfalt seiner Erscheinungen übertrifft bei weitem das einfache Bild des leidenden und unglücklichen verliebten Manns. Eine französische Freundin erzählte mir von einem deutschen Mann, den sie in Paris kennengelernt hatte. Sie flirteten, *un peu, beaucoup, passionément* und landeten im Bett. Bis jetzt eine herkömmliche Geschichte. Erst als beide nackt im Bett lagen, fiel dem Typ ein, dass er verheiratet war. So was vergisst man bekanntermaßen schnell. Es scheint allerdings eine deutsche Spezialität zu sein, sich erst im Bett Gedanken zu machen. Er warnte die Freundin, er dürfe nicht weitergehen. Er habe eine Frau. Es wäre unmoralisch. Man erkennt in diesem Beispiel sofort den Werther. Der Typ steht nicht zu seinem Betrug und bemüht die Moral, um seine Feigheit zu rechtfertigen. Bevor er seine Frau wirklich betrügt, möchte er, dass seine Mätresse ihn beruhigt und die Verantwortung für die Situation übernimmt. Das passt allerdings ins Bild, das sich Männer von der Frau gern machen: *La maman et la putain* – Mutter und Hure. Ein klassischer Fall.

Das wertherische Verhalten ist nicht auf den privaten Bereich begrenzt – auch im professionellen Alltag ist es nicht zu übersehen. Wie der Rücktritt von Horst Köhler zeigt. Abgesehen davon, dass ich Horst nie verzeihen werde, dass ich aufgrund seines Rücktritts plötzlich nichts mehr von meiner Lena *chérie* hörte, war seine pathosvolle Pose ein Werther-Fall sondergleichen: Ich kann nicht handeln, wie ich will (= Ihr liebt mich nicht), also trete ich zurück (= politischer Selbstmord).

Neben Werther gibt es eine zweite Kategorie, die bei dem deutschen Mann Konjunktur hat. Das Arschloch. Das Arschloch ist natürlich universell, wird in Deutschland von den Frauen und der Werbung (Zigaretten, Bier, technische Geräte, neuerdings Versicherung) jedoch hoch gepriesen. Das deutsche Arschloch trägt einen coolen Drei-Tage-Bart. Das hat etwas Verruchtes und spricht den biologischen Trieb der Frau an. Gewöhnlich fallen ihm seine lockigen, etwas längeren, ungekämmten Haare leicht ins Gesicht, sodass er sich ständig mit der Hand durch die Haare fahren muss, die aber natürlich danach gleich wieder fallen, sodass ihm nichts anderes übrigbleibt, als sich wieder in die Haare zu greifen. So hat das Arschloch das Perpetuum mobile erfunden. Das war auch Sinn der Sache, denn so weiß er, was er mit seinen Händen zu tun hat. Man kann diese Spezies im Hamburger Schanzenviertel beobachten, meist mit Kapuzenpulli, einer abgespeckten Lederjacke und einem Hund unterwegs. Oder in Berlin-Mitte. Für diesen Biotop bevorzugt das Arschloch als Tarnung eh eine grüne Militärjacke, Denim und Converse. In der linken Hand hat er einen Latte macchiato oder einen Galão, den Babywagen in der rechten und das iPhone in der dritten Hand. Das Arschloch ist ja schwer beschäftigt.

Ich habe eine kurze Zeit überlegt, ob ich mich nicht Timo nennen sollte. Mir ist aufgefallen, dass, wenn ein Typ Timo heißt, gewaltige Gefahr besteht, dass er ein Arschloch ist. Und umgekehrt, wenn ein Typ hierzulande ein Arschloch ist, dann ist die Wahrscheinlichkeit sehr hoch, dass er Timo heißt. Timo ist bei den Damen erfolgreich. Meistens bei den Tinas, wohlgemerkt. Die Tinas sind für das weibliche Geschlecht, was die Timos für das männliche sind. Ein bisschen wie Fabrice oder Thierry und Sandrine in Frankreich. Falls Sie allerdings Tina oder Timo heißen, werte Leserin und Leser, seien Sie unbesorgt: Sie sind sicherlich die Ausnahme, die die Regel bestätigt.

Der Normalo mit Hang zum Wertherischen kann einfach nicht nachvollziehen, warum die Damen Arschlöcher mögen. Er ist nett und fürsorglich und anhänglich, dagegen ist das Arschloch böse, behandelt die Damen schlecht und verbucht trotzdem Erfolg. Deswegen verspürt der Normalo große Bitterkeit gegenüber dem weiblichen Geschlecht. Der Normalo mit Hang zum Wertherischen sollte aber begreifen, dass die Frau genau wie der Mann gestrickt ist. Eine Frau hat ebenso viel Lust auf Blümchensex wie ein Mann, also null. Deshalb ist das Arschloch viel interessanter als der nette Junge, der eben nett ist. Das Arschloch stellt ihr nicht die dämliche Frage «Darf ich dich küssen?», sondern küsst sie einfach. Und er fragt nicht, ob der Sex gut war, er hat Sex.

Ich habe meinen Coach Sophie gefragt, was der deutsche Mann schon immer über die deutsche Frau wissen wollte, aber bisher nicht zu fragen wagte. Ein Geschenk des Franzosen im Namen der deutsch-französischen Freundschaft, damit die Bundesrepublik nicht komplett ausstirbt. Nein, kein Danke. Gern geschehen. Also, Sophie, woran liegt es, dass der deutsche Mann zwischen Werther und Timo-das-Arschloch pendelt?

«Die klassische Geschichte des deutschen Mannes geht so», sagte Sophie. «Mit vierzehn war er auf der Schule in eine Frau verliebt. Drei Jahre lang hat er sich nicht getraut, es ihr zu sagen, und da sie ihn nicht einmal angeguckt hat, hat er nach drei Jahren beschlossen, okay, es wird nie was mit der Conny. Darüber wird er depressiv, fängt an, mit seiner PlayStation zu spielen und zu kiffen und hasst alle Frauen. Um es allen eines Tages heimzuzahlen, geht er mit vielen Frauen ins Bett und wird als Arschloch verschrien. Dann trifft er eine Frau, der er abermals niemals erzählen wird, dass er sie liebt, und himmelt sie zwanzig Jahre lang an. Er stellt fest, dass alle anderen Frauen Schlampen sind, will aber nicht allein sterben. Er guckt sich um, da sitzt eine Kollegin oder eine Frau aus dem Freundeskreis. Er heiratet sie, sie kriegen Kinder, inzwischen hat er erfahren, dass seine erste Freundin ihn betrogen hat, und mit sechzig erinnert er sich, dass er seine Sekretärin süß findet. *Game over.*»

«Was du sagst, ist natürlich einleuchtend. Wie immer geht alles auf die Kindheit zurück. Nun aber: Was muss man dem deutschen Mann raten, damit er endlich flirten kann?»

«Der deutsche Mann muss spielerischer an die Sache herangehen. Das Ziel sollte man im Auge behalten, aber der Weg ist das Ziel. Das heißt, er sollte den Weg angenehm gestalten. Das Spiel mit der Frau genießen und nicht als schwierige Aufgabe sehen und von vornherein als Worst-Case-Szenario betrachten, weil es im schlimmsten Fall böse scheitert, mit tiefen Verletzungen, und zwar für immer. Einfach sagen, hey, ich freue mich auf das Ansprechen, und ich gucke mal, was passiert. Ich genieße es erst mal.»

«Deine Worte sind Gold wert, Sophie. Aber die deutsche Frau hat vom Wort Leichtigkeit auch nie etwas gehört. Sie ist also auch für diese Situation verantwortlich. Was macht sie falsch?»

«Das Problem ist, dass die deutsche Frau dem deutschen Mann nichts zutraut. Die deutsche Frau weiß, dass der französische Käseverkäufer oder der italienische Eisverkäufer ihr zuzwinkert. Wenn der deutsche Mann ihr zuzwinkert, denkt sie, dass er sie heiraten oder ins Bett kriegen will.»

«Aber der Franzose – wir lassen den Italiener beiseite, ja? – will sie auch ins Bett kriegen.»

«Klar, aber der Franzose zwinkert und genießt den Moment

des Zwinkerns. Und die deutsche Frau zwinkert zurück und traut sich das – bei einem Deutschen würde sie das nicht machen. Wenn du ein deutscher Mann wärst, würde ich mich nicht mit dir treffen, weil du mir Komplimente machst. Aber du willst mich deshalb nicht heiraten.»

«Dein Schal ist tatsächlich mal wieder wunderschön.»

«Der deutsche Mann sieht den Schal gar nicht. Der deutsche Mann sieht nicht mal, wenn du beim Friseur warst und dir dreißig Zentimeter Haar hast abschneiden lassen.»

«Wie kommt denn das?»

«Der deutsche Mann will Ergebnisse. Im Grunde ist der deutsche Mann ein BWLer. Die deutsche Frau ist eine Geisteswissenschaftlerin, sie mag schöne Sachen, Kultur, macht Kerzen an, schöne Musik, und der deutsche Mann will einfach Ergebnisse: Heiraten, ja-nein, Kinder, ja-nein, Haus, ja-nein, Hund, ja-nein. Der deutsche Mann rechnet aus, wie viel ein Restaurantbesuch zu zweit kostet, bekomme ich das wieder, lohnt sich das, usw. Während die deutsche Frau sich Parfum auf den Hals sprüht, welches der Mann hoffentlich riecht, wenn er sich ihr nähert. Aber der deutsche Mann merkt nichts. Der deutsche Mann sollte einfach die Augen zumachen, wenn er neben einer Frau sitzt, und sie riechen, und seine Lippen auf ihre Haut pressen, um zu lernen, wie die deutsche Frau schmeckt. Und er sollte einfach genießen und nicht nachdenken.»

«Sophie, wenn ein Typ so etwas mit einer Frau tut – und in dem Fall braucht sie nicht mal deutsch zu sein –, dann ruft sie sofort den Psychiater. Aber wie wär's, wenn die deutsche Frau dem deutschen Mann einfach mal sagen würde, was er tun soll?»

«Weil die deutsche Frau es ja selbst nicht weiß. Sie denkt, der deutsche Mann will gar nichts von mir, denn er sieht einfach nicht, wie viel Mühe ich mir für ihn gebe. Dieses ganze Balz-gehabe der Frau bemerkt der deutsche Mann nicht, weil er binär null-eins drauf und nur aufs Ergebnis fixiert ist. Der deutsche Mann überlegt, Scheiße, sie hat nicht ja gesagt, aber er kann nicht interpretieren, dass sie komplett mit verführerischem Dekolleté dasitzt, super duftet und seit drei Wochen ins Fitness-Studio geht. Weil der deutsche Mann ihr nie sagen wird ‹Oh, siehst du schön aus›, ‹Du siehst aus wie die Frau meiner Träume› und ihr nicht diese Bestätigung gibt, deshalb ist die deutsche Frau eingeschüchtert und denkt, sie hat etwas Falsches gesagt oder getan. Und dann kommt der Knackpunkt: Die deutsche Frau kommuniziert emotional, steigt aber aufs Kognitive um, weil sie merkt, dass sie emotional nicht verstanden wird. Sie denkt, okay, wenn es nicht reicht, dass ich mich zurechtmache, meine Brüste aufpushe, meine Haare mit Haarlack besprühe, teuren Lippenstift kaufe, wenn das nicht funktioniert, dann ver-suche ich eben mich verbal auszudrücken. Also fängt die Frau an zu formulieren: ‹Mach mir doch mal ein Kompliment.› Da denkt der deutsche Mann: ‹Was will die denn?› Aber leider nicht im Sinne von Freud ‹Was will die Frau?›, sondern im Sinne von ‹Ach-verdammte-Scheiße-schon-wieder-Stress-ich-gehe-jetzt-los-mit-meinem-Kumpel›.

Der deutsche Mann reagiert nie positiv auf Forderungen, weil kein Mann auf dieser Welt positiv auf Forderungen reagiert. Deshalb wird's schwierig, und dann fängt der ganze Stress an: ‹Wieso, ich habe dich angerufen!› und ‹Du musst mir sagen, wenn ich anrufen muss!› – ‹Ja, aber wenn ich es dir sage, sagst du, euh … ne.› Und es geht halt los.»

«Im Grunde genommen sollte der deutsche Mann aufhören, eine Frau mit einem Auto zu verwechseln, und sich mehr zu-trauen.»

«Ja, aber leider steckt dahinter etwas anderes: das Britney-Spears-Phänomen. Der deutsche Mann steht auf das Mädchen von nebenan. Er steht nicht auf die *Grande dame*, auf die verrückte Künstlerin, auf die extrovertierte Intellektuelle, die intelligente, sexy Frau im Abendkleid. Er steht auf die Tussi, die sich Adiletten anzieht, gerade die Post holt; er geht auch gerade die Post holen, auch in Adiletten, er lächelt sie an, sie ist zwar ein bisschen übergewichtig, aber irgendwie ganz süß, und wenn er sie richtig betrachtet, ist sie auch sexy. Das will er, und das reicht ihm. Es ist nicht mal eine Annäherung an das Ideal der tollen Frau. Das Vorbild ist Janet Biedermann. Da kann nichts passieren.

Sobald du flirtest, denkt der deutsche Mann, das ist sehr ernst. Wenn ich mit einem Mann flirte, denkt der sofort, hey, ich habe noch Schweinerücken zu Hause, lass uns gehen. Der deutsche Mann ist einfach nicht sensibilisiert fürs Flirten. Er checkt es nicht. Ihm fehlt die Routine, weil er das nur einmal bei tausend Frauen macht, wenn er denkt, das ist die Richtige.»

«Das Werther-Syndrom, schon wieder.»

«Deshalb kommt es so verkrampft rüber. Der Kopf ist immer eingeschaltet, er denkt, das muss jetzt klappen, und das klappt eh nicht, also okay, ich lasse es lieber. Man sieht nur, was man sehen will.»

«Ich sage nur: Werther plus Besucherritze gleich Katastrophe. Beim Werther werden die Gefühle missbraucht, und mit der Besucherritze und der roten Ampel werden sie auch noch unterdrückt.»

«In dem Moment, in dem der deutsche Mann das Lächeln der deutschen Frau genießen könnte und sich auf seine Gefühle verlassen würde, hätte er einen großen Schritt Richtung Erfolg gemacht. Das ist das Problem des deutschen Mannes. Dass er seinen eigenen Gefühlen nicht traut. Er denkt, dass seine Gefühle ihn fehlleiten würden, weil er mit vierzehn eine schlechte Erfahrung gemacht hat.»

Ich glaube, Sophie hat das Bundesverdienstkreuz verdient. Würden alle deutschen Männer den Empfehlungen von Sophie folgen, wäre Deutschland ein Paradies des Flirtens. Die Männer würden flirten, die Frauen würden die Komplimente annehmen, und der Franzose könnte auch davon profitieren, statt sich regelmäßige Anti-Franzose-Antworten (AFA, siehe Kapitel 2) anhören zu müssen. Von diesem glücklichen Moment sind wir aber noch weit, weit entfernt, wie folgendes Beispiel beweist.

Ich hatte mich im ICE an einen Tisch mit vier Plätzen gesetzt, was ich im Prinzip nie tue. Ich war mit meinem Manuskript beschäftigt, als sich ein junger Mann und eine junge Frau mir gegenübersetzten. Am Anfang schenkte ich den beiden kaum Aufmerksamkeit, doch plötzlich merkte ich, hier passiert etwas, das mich interessieren könnte: ein Flirt. Beobachten heißt stören – deshalb konnte ich noch nie einen typisch deutsch-deutschen Flirt hautnah erleben. Nun durfte ich Zeuge eines echten deutschen Flirts sein. Live vor meinen Augen. Ein glücklicher Zufall und ethnologisch betrachtet ein Geschenk des Himmels.

Die nachfolgende Szene ist eine gute Zusammenfassung dessen, was man beim Flirten alles falsch machen kann. Oder anders gesagt, wie man aufgrund von wertherischem Verhalten, fehlender Leichtigkeit und kumpelhaftem Ton einen Flirt verpatzt. Ich habe als Hilfestellung einige Kommentare mitgeliefert – so was sollte nie wieder passieren.

«Kann ich dir Gesellschaft leisten?», fragt der junge Mann, bevor er sich setzt. Anfang bis Mitte dreißig, weißes Hemd, schwarzer Anzug ohne Krawatte, Laptop tragend. Sieht sympathisch aus, kein Apollo, aber beachtlich. Seine Frage ist höflich, der Ton angenehm. *Une bonne entrée en matière* – ein guter Einstieg. Ich sage bravo. Ein Punkt für den jungen Mann.

«Ja, gern!», lächelt die junge Dame zurück, sehr enthusiastisch – vielleicht ein bisschen zu sehr, aber wir wollen ja nicht das Haar in der Suppe suchen, wie man so schön sagt. Sie ist schätzungsweise 28 oder 29 Jahre alt und gehört auf den ersten wie auf den zweiten Blick zur Kategorie «beautyful people» und weiß das. Sie trägt eine beige Bluse, hat langes glänzendes schwarzes Haar, braune Augen, einen bronzefarbenen Teint, ist vorteilhaft geschminkt, verführerisches Parfum und weiße Zähne wie aus der Werbung. Nach ihrer gesamten Körperhaltung zu urteilen, kann ich mir vorstellen, dass sie gerade in einer Bitch-Phase steckt.

Kaum sitzen beide, beginnen sie, miteinander zu sprechen, ohne Punkt und ohne Komma. Kurze Frage, schnelle Antworten, um jeden Preis ein Schweigen verhindern – wir befinden uns in einem typischen Smalltalk. Aus dem Dialog höre ich heraus, dass sie sich eigentlich vor einer Stunde auf einer Messe kennengelernt haben und er Ingenieur ist. Etwas mit medizinischen Geräten oder so.

Die Hübsche holt ein Buch aus ihrer Tasche.

«Ich muss noch 100 Seiten lernen, bin im Stress», seufzt sie und blättert die Seiten durch. Sie studiert Medizin. «Sehr spannend ...», sagt sie ohne Überzeugung, das Buch schließend. Wenn das keine Einladung zum Gespräch ist.

«Das glaube ich.» Eine kurze Antwort, aber der junge Mann ist von seiner Zugbegleitung sichtlich angetan. Wer würde das nicht sein? Seine Körperhaltung ist einigermaßen angespannt, oder, besser gesagt, bemüht cool. Er lacht viel, sein linkes Bein zittert, und wenn er seinen Kopf in ihre Richtung dreht, ist sein

Blick feucht. Als ob die beiden frisch verliebt wären. Freund, man sollte nicht das Pferd beim Schwanz aufzäumen. Diesen Blick kannst du dir für einen romantischen Augenblick am Comer See sparen, wenn du ihr einen Heiratsantrag machst. Vorher ist er unglücklich. Von dieser Haltung verspricht er sich vermutlich, Gelassenheit auszustrahlen, die naturgemäß auf Damen attraktiv wirkt. Seine Körperhaltung spiegelt aber vielmehr den Zwiespalt des jungen Mannes wider. Er traut sich nicht, eindeutige Signale zu senden, möchte aber trotzdem gern flirten. Das ist die Haltung Weißt-du-ich-finde-dich-scharf-wenn-du-willst-kriegst-du-meine-Nummer. Nein. Du fragst nach ihrer Nummer, nicht umgekehrt.

Die junge Dame hat sein übertriebenes Gehabe anscheinend registriert und gemerkt, dass er Hilfe braucht. Sie nährt die Konversation mit Geschichten aus dem OP-Saal. Eine gute Idee, damit hat man Stoff für wenigstens zwei Stunden Gespräch.

«Blablabla ... entfernt von einer Frau ... blablabla ... hihi ... Blut ... blablabla ... hihi ... ich dachte, ich will hier raus ... blablabla ... hihi ... mit Haaren und Zähnen, doch ... und dann ... blablabla ... hihi ... der Wahnsinn ... blablabla ... hihi ... auch Knochen ... blablabla ... hihi ... das sah schrecklich aus ...» Und beendet die Erzählung mit blablabla und hihi.

Ich hätte der Hihi-Studentin gern gratuliert. Ein Meisterstück. Und mit welchem Impetus sie alles erzählte! Unser Freund war stets bemüht, auf ihr Hihi mit Haha zu antworten, und war von der Geschichte begeistert. Deshalb wagt er ein «Mehr Information, bitte», allerdings in einem selbstbewussten und direkten Ton, der mir gefällt. So soll es sein. Natürlich ist sein Satz abermals zu kurz, aber zu seinem Glück kokettiert die Dame gern mit ihren OP-Erfahrungen und erzählt locker weiter.

Mit ihrer lebendigen Art hat sie eine angenehme Atmosphäre geschaffen. Die Sätze der Konversation werden länger, der Rhythmus ruhiger, und der Typ befindet sich nicht mehr im Hyperventilations-Modus.

«Ah», seufzt sie, «ich habe keine Lust auf Arbeit morgen.»

«Ja … da brauchst du eine kleine Frustrationsbearbeitung», fällt ihm dazu ein. *Bon.* Der junge Mann gehört zum technisch-präzisen Typ. Wie schon erwähnt, stehen Frauen ab einem gewissen Alter auf Solidität. Insofern ist das gut, gleichwohl zu diesem Zeitpunkt der Unterhaltung weniger sachverständige Bemerkungen nicht schaden würden. Das Wort «Frustrationsbearbeitung» lässt deshalb zu wünschen übrig.

«Ach, ich habe Lust auf Sommer», sagt sie weiter.

«Ah, der Sommer …», wiederholt unser deutscher Ingenieur, seufzend mit Blick in die Ferne gerichtet. Psychoanalytiker wiederholen oft das letzte Wort des Patienten, um ihn dazu zu bringen, andere Ideen mit dem Wort zu assoziieren. Beim Flirten würde ich von dieser Technik abraten.

Die Schönheit lenkt das Gespräch von A nach Z und hat damit den Job des Typen übernommen. In einer normalen Flirtsituation verhält es sich am Anfang meistens achtzig-zwanzig, also achtzig Prozent der Unterhaltung sichert der Mann, zwanzig Prozent die Frau. Ziel ist natürlich ein Fünfzig-fünfzig-Gespräch, das im besten Fall in einem null-null endet – nicht dass man sich nichts mehr zu sagen hätte, sondern weil man Besseres zu tun hat, als miteinander zu reden.

Mademoiselle holt ein Taschentuch aus ihrer Tasche.

«Es gibt zwei Konstanten im Universum: dass Frauen Taschentücher haben und die Planck-Konstante», sagt der junge Mann. Ah! Immerhin, zum ersten Mal eine subtile Erwähnung der Geschlechter! Mit Humor gepaart, auch wenn die Planck-

Konstante flirtmäßig ein wenig suboptimal ist. Aber gut, sie ist Medizinerin und hat sicherlich Verständnis für die wissenschaftliche Pointe.

«Hast du eine Gitarre?», fragt die junge Frau unvermittelt.

«Ja.»

«Spielst du noch?»

Er erzählt von seinen Kumpels, mit denen er eine Band hatte. Damit kann er nur punkten, Frauen stehen total auf Musiker.

«Frauen reißen Bands auseinander», sagt er.

Das gefällt mir. Endlich sexualisiert der Typ das Gespräch auf nette Weise. Die Frau fühlt sich als Frau angesprochen und nicht als asexuelles Wesen. Und diese direkte Anschuldigung kommt auch gut an, so kommt der junge Mann nicht so needy rüber. Und siehe da, der Effekt lässt nicht auf sich warten. Sie lacht und löst sogar ihr Haarband. Freund, merkst du, wie sich ihre *Körperhaltung* ändert?

Nein, er merkt gar nichts. Stattdessen lenkt er das Gespräch in eine ganz andere Richtung – nämlich gegen die Wand.

«Wie heißt du eigentlich?», fragt der junge Mann in einem falschen By-the-way-Ton. Das kann doch nicht wahr sein! Wie, du kennst ihren Namen nach einer Stunde immer noch nicht? Ich muss mich hinter meinem Laptop festhalten, sonst würde ich ihm sofort meine Meinung sagen.

«Rea. Und du?»

«Jan.»

«Ah ja, ich habe einen Freund, der heißt Jan und sieht dir ähnlich.»

Eine geniale Einladung zu einem psychologischen Spielchen! Die Frau hat's wirklich drauf. Das kann man danach ganz locker in vielen Varianten deklinieren, wie zum Beispiel: «Du bist so ... weil dein Mund diese Form hat ... und du bist künstlerisch veranlagt, weil deine Stirn ...» Hauptsache, der Quark macht Spaß. Aber nein. Diese Einladung schlägt er aus.

«Was trinkst du für einen Saft? Multivitamin?», fragt er jetzt, als sie eine Flasche öffnet. Schon wieder diese sachliche Betrachtung, statt dem Gespräch natürlich zu folgen. Mein Gott. Er guckt auf die Packung.

«Der schmeckt lecker», sagt Rea.

«Ich habe mich inzwischen für kalorienarme Getränke entschieden», erklärt Jan.

Blablabla.

«Und die Koreaner mögen es, sich mit ihrer Visitenkarte auf dem Tisch vorzustellen. Ja, so sind sie, die Koreaner», sagt Jan. Wenn man über Visitenkarten in einem Flirt redet, dann ist es kein Flirt mehr.

Blablabla.

Beide stellen fest, dass sie Waage sind.

«Zu der Uhrzeit, zu der du geboren bist, bist du immer wach», sagt Rea.

«Echt? Ich habe auf jeden Fall einige Merkmale der Waage, zum Beispiel die Harmoniebedürftigkeit», sagt der junge Mann. Werther war sicherlich auch Waage.

Die Gute wählt jetzt den Moment, um das F-Wort zu benutzen.

«... Und das hat meinen Freund unheimlich gefreut, dass er das machen durfte.»

Jan lässt sich nichts anmerken und erzählt, dass er mit der dicken Mutter seiner Exfreundin auf einer Party tanzen musste. Der Zusammenhang mit dem vorigen Satz der Schönheit über ihren Freund fehlt mir leider, weil ich so entsetzt über Jan war, dass ich kurz unaufmerksam geworden bin. Ich bitte meine Leserschaft um Verzeihung.

Blablabla.

«Fünfunddreißig von hundert werden schwanger, wenn sie nach dem Temperaturtest verhüten. Ich glaube, irgendwann, wenn das Studium fertig ist, werde ich loslegen», sagt Rea.

Blablabla.

«Vorgestern habe ich mir eine Pizza liefern lassen.»

«Tatsächlich? Ich auch. Was für eine war das?»

«Etwas Neues, mit Rucola und Spargel.»

Der Rucola und der Spargel sind gegessen, die Sache auch.

«Ich koche gerne, aber leider habe ich nicht viel Zeit ... Ich bin seit letztem Jahr Vegetarier», erzählt unser Freund, der definitiv mit Air Kumpel fliegt – und gerade auf der Kumpelbahn von Kumpel-City in Kumpelland gelandet ist.

Dann noch irgendein Blablabla über italienischen Käse, der angeblich «echt super» schmecken soll, und als ob ich nicht schon genug Unfug gehört hätte, kam auch noch ein Gouda ins Gespräch. Nichts über französischen Käse. *Rien*. Es lohnte sich aber nicht mal, sich über diese Unverschämtheit aufzuregen, das passte sowieso ins gesamte Bild. Wenn unser Freund sich über Pseudokäse unterhalten will, kann ich ihm gern die Obertussis des ersten Kapitels vorstellen.

Plötzlich hat die Schönheit «richtig, richtig Hunger».

«Lass uns mal zum Bistro gehen», schlägt sie ihrem Begleiter vor. Die beiden verschwinden.

Als sie zurückkamen, fehlte mir die Kraft, den Dialog noch weiter aufzunehmen. Ich erspare meiner Leserschaft daher die letzte Szene der Geschichte, als der junge Mann auf seinem Sitzplatz so tat, als würde er tanzen, um sich von der Mademoiselle zu verabschieden, als sie aussteigen musste. Sie hat sich nicht umgedreht.

Faszinierend. Eigentlich war er nicht unsympathisch, der junge Mann. Aber wenn ein verkrampfter Typ krampfhaft versucht, die Situation zu entkrampfen, kann das nur tragisch enden.

Wie man sieht: Der deutsche Mann ist zweifellos *le maillon faible*, das schwache Glied der Flirtkette. Ihn umzuprogrammieren wird echt schwierig sein. Was die Umprogrammierung der deutschen Frau angeht, bin ich zuversichtlicher. Ich sage es seit Beginn dieses Buches: Sie hat Potenzial. Und Frauen sind sowieso flexibler als Männer. Vielleicht können einige Vorschläge des letzten Kapitels beiden behilflich sein.

Von Deutschland zu Flirtland:
Anregungen und Empfehlungen

Zwischen Schrauben produzieren und Flirten hat sich der deutsche Mann für die Schraube entschieden, und zwischen Zähneputzen und Sex hat sich die deutsche Frau fürs Zähneputzen entschieden. Und da kommt ein Franzose auf der Suche nach der deutsch-französischen Liebe, der sich wie ein Elefant im Porzellanladen benimmt. Das kann natürlich nur böse enden.

Veni, vidi, aber leider nicht *vici*. Ich kam mit meiner Ente, ich sah deutsche Schönheiten, aber ich siegte nicht. Im Gegenteil. Die deutsche Frau hat mich besiegt. Hier die Namen der verschiedenen Bataillen, die ich allesamt verloren habe.

Waterloo 1: «Aber du kennst doch meine Eltern gar nicht.»

Waterloo 2: «High Heels? Ich bin ja keine Nutte.»

Waterloo 3: «Ich will nicht als Frau wahrgenommen werden, sondern als Person.»

Waterloo 4: «Ich trage aus Selbstschutz unschöne Unterwäsche.»

Waterloo 5: «Stopp! Ich muss mir die Zähne putzen.»

Waterloo 6: «Baggerst du mich etwa gerade an?»

Waterloo 7: «Auch Spontaneität muss geplant werden.»

Gegen die flirtfeindliche Haltung der deutschen Frau hat der Franzose einfach keine Chance. Ich muss mich den Gegebenheiten beugen: Der deutsche Mann ist für die deutsche Frau gedacht – und umgekehrt. Trotz dieser bahnbrechenden Erkenntnis scheint der Krieg der Geschlechter in Deutschland jedoch Zukunft zu haben, zumindest auf der Ebene des Diskurses. Der deutsche Mann und die deutsche Frau schieben sich gegenseitig die Verantwortung dafür zu, dass er oder sie nicht flirten kann. Ich fürchte, beide haben recht. Die Typen wissen nicht anzusprechen, und die Frauen wissen nicht zu antworten.

Anhand meiner Erfahrungen habe ich mir einige Gedanken gemacht, wie Deutschland flirtfreundlicher werden könnte. Denn erst wenn Deutschland sexy ist, werden wir überhaupt über die deutsch-französische Liebe sprechen können.

Bevor wir uns aber mit dem Flirten selbst beschäftigen, muss erst mal ein Rahmen fürs Flirten geschaffen werden. Der ist ja in Deutschland gar nicht vorhanden. Konkret heißt das, Maßnahmen vorzuschlagen, die ein Gefühl für Leichtigkeit, Humor und Glamour beim deutschen Mann und bei der deutschen Frau im Alltag hervorrufen.

Als erste und wichtigste Maßnahme müssen wir Deutschland von dem riesigen wertherischen Über-Ich befreien, das die Gefühle dieses Landes erstickt. Schluss mit der Kultur des Leidens, es lebe die Kultur des Lebens. Angesichts der Masse der Betroffenen – mindestens vierzig Millionen Männer, aber auch viele Frauen – wird die Teufelsaustreibung allerdings keine leichte Übung sein. In dem Fall können nur Voodoo-Puppen helfen. Voodoo-Puppen wurden in der Geschichte stets als erfolgreiches Mittel eingesetzt, um das böse Schicksal abzuwenden. Werther sollte keine Ausnahme darstellen. Jedem deutschen Bürger empfehle ich, aus Wachs eine Voodoo-Puppe mit Werthers Antlitz und seinem blauen Kostüm zu basteln, so viele Nägel wie möglich in den Körper der Puppe zu stecken und diese dann zu verbrennen. Währenddessen wird das Gegengift eingesetzt, nämlich dreimal mit lauter Stimme *Ehmals glaubt' ich* von Heine verlesen (*Ich halte ihr die Augen zu* funktioniert auch sehr gut).

Ehmals glaubt' ich, alle Küsse,
Die ein Weib uns giebt und nimmt,
Seyen uns, durch Schicksalsschlüsse,
Schon urzeitlich vorbestimmt.
Küsse nahm ich und ich küßte
So mit Ernst in jener Zeit,
Als ob ich erfüllen müßte
Thaten der Nothwendigkeit.
Jetzo weiß ich, überflüssig,
Wie so manches, ist der Kuß,
Und mit leichtern Sinnen küss' ich,
Glaubenlos im Ueberfluß.

Damit besiegeln wir das Ende von zweihundert Jahren Herrschaft dieses unerträglichen romantischen Habitus in Deutschland. Und das ist gut so.

Nach diesem Befreiungsschlag: offizielle Einführung einer gesetzlichen täglichen Flirtstunde. Wie ich Deutschland kenne, wäre ein Gesetz in der ersten Phase der richtige und sicherste Weg, um eine Flirtkultur durchzusetzen. Sonst wird es nie klappen. Eine gesetzliche Flirtstunde wird jede und jeden beruhigen und ein Gefühl der Sicherheit schaffen. Erst nachdem die Flirtkultur sich verselbständigt hat, könnte man in Erwägung ziehen, das Gesetz abzuschaffen. Als wir Kinder waren, durften mein Bruder und ich unsere deutschen Großeltern nachmittags zwischen 13 und 15 Uhr nicht anrufen. Ich verstand nicht so wirklich, warum, schließlich konnte ich mit meiner französischen Mamie jederzeit telefonieren. Aber es war halt nicht möglich. Stichwort «Mittagsruhe». Nach der Mittagsruhe gab es Kaffee und Kuchen, da durften wir telefonieren, obwohl es auch kein angemessener Zeitpunkt war, aber unsere Oma und Opa waren nicht so streng. Heute existiert die Mittagsruhe nicht mehr. Man sollte diese Lücke nutzen und an Stelle der Mittagsruhe den Mittagsflirt einführen – Achtung: Flirtstunde in Norddeutschland, aber Mittagsflirt in Süddeutschland –, aber nach wie vor Kaffee und Kuchen beibehalten.

Ich hatte bereits die Einführung von Flirtzonen in Bars, Bahnhöfen, Flughäfen usw. neben den schon existierenden Raucherzonen vorgeschlagen. Zusammen mit diesen räumlichen Maßnahmen würde das Flirtstundengesetz ein Maßnahmenpaket darstellen, auf das die Bundesregierung stolz sein könnte. In anderen Ländern würde man wissen, dass man in Deutschland zwischen 13 und 14 Uhr nicht anrufen darf, weil das ganze Land dann eben flirtet. Der Vorstandsvorsitzende von BNP-Paribas möchte um halb zwei mit seinem Amtskollegen bei der Deutschen Bank telefonieren?

«Es tut mir leid, ich kann Herrn Ackermann unter keinen Umständen stören.»

«Es ist dringend.»

«Wir haben gerade Flirtstunde.»

«Oh. Verzeihung. *Bien sûr.* Griechenland kann warten.»

Diese Initiative würde auch die deutsch-französische Freundschaft fördern, denn ein Franzose hat in jeder Situation, egal welcher, Verständnis fürs Flirten. Und sie würde die deutsche Wirtschaft stärken. Wie schon gesagt: Der Nachwuchs von heute ist der Konsument von morgen.

Dritte Maßnahme, die gut zu den obigen passt: mehr *laissez-faire*. Mehr *laissez-faire* ist dringend nötig. Wie kann man ein Gefühl für mehr *laissez-faire* hierzulande erzeugen? Zum Beispiel, ab und zu bei Rot die Straße überqueren und merken, wie es sich im Körper anfühlt, eine derartige Schwelle zu überwinden. Zunächst einmal pro Woche. Von einem solchen Schock muss man sich erst mal erholen. Daher am Anfang vorsichtig und langsam an die Übung gehen. Dann schrittweise zwei-, dreimal pro Woche, bis man es einmal pro Tag schafft. Mehr sollte es nicht sein, man muss ja auch an die Polizei denken und ihr Zeit geben, sich umzustellen. Sonst wird sie von der Welle des Rotüberquerens überfordert, dann kommen die Innenminister der Bundesländer zusammen, der Innenausschuss des Bundestages schaltet sich ein, Karlsruhe sowieso, kurzum, es wird zum Politikum, und darauf habe ich keine Lust. Das wäre kontraproduktiv. Also wie gesagt, langsam anfangen. Diese Einstellung dient zwar nicht direkt der Technik des Flirtens, aber sie hilft ungemein, eine gewisse Gelassenheit, Coolness und Leichtigkeit gegenüber dem Leben zu entwickeln – alles wichtige Voraussetzungen für einen angenehmen Flirt.

Gemäß derselben Logik rate ich dringend, mehr zu genießen. Flirten ist eng mit Genuss verbunden. Genießerinnen und Genießer können immer besser flirten als geizige Menschen. Deshalb beinhaltet eine andere notwendige und wichtige Maßnahme, damit aufzuhören, an der falschen Ecke zu sparen. *Le plus tôt sera le mieux* – je eher, desto besser. Der Deutsche spart gern, das ist ja auch richtig, aber nein, ein Wein ist nicht allein gut, weil er 3,99 Euro die Flasche gekostet hat. Es funktioniert umgekehrt. *Weil* der Wein 3,99 Euro kostet, ist er grottenschlecht. Punkt. Egal, woher er kommt. Und nein, 6,99 Euro für einen Rotwein ist nicht teuer. Alles eine Frage der Priorität. Vergiss die Stoßstange und investiere lieber in eine gute Flasche Wein.

Um sich auf die positiven Vibes des Flirtens weiter einzustellen, empfehle ich, einen Weinverkostungskurs zu besuchen. Weinverkostung fordert und fördert die Entfaltung der Sinne. Auch wiederum eine gute Voraussetzung für einen gelungenen Flirt. Technisch und taktisch betrachtet, führt die Entfaltung der

Sinne dazu, mehr Aufmerksamkeit für die Partnerin zu erzeugen. Der unmittelbare Effekt: Er merkt, dass sie schöne Ohrringe trägt und kann ihr daher ein Kompliment machen. Apropos Kompliment, ein kleiner Hinweis für die Männerwelt. Männer, wenn ihr einer Frau ein Kompliment macht, dann solltet ihr es auch ehrlich meinen, sonst hat es keinen Zweck. Das Kompliment kommt mit einer ganz anderen Sprache rüber, wenn es so gemeint ist. Außerdem merkt die Frau innerhalb einer Sekunde, ob ihr es ernst meint oder nicht. Klammer zu. Und hier noch ein Grund, warum die Weinverkostung sich positiv auf das Flirten auswirkt. Beim ersten Date hat sie natürlich einen Weißwein bestellt.

Er: «Wonach duftet er?»

Sie: «Euh ... er riecht gut.»

Er: «Darf ich? Hmmm ... Lass mich raten ... (Er tut, als würde er in seiner Gehirnregion eines von den zweitausend verschiedenen Aromen suchen, die er gespeichert hat) ... Also Zitrone auf jeden Fall ... und dann ... (Er schaukelt das Glas) ... die sekundären Aromen ... Honig, ganz klar ... Birne und Pampelmuse. Typisch Chardonnay.»

Sie, fasziniert: «Wow!» Beeindruckt probiert sie nochmal: «Jetzt, da du es sagst ... stimmt!»

Sie lacht – hat sie ein schönes Lächeln, denkt er, er ist ja aufmerksamer geworden –, ihre Pupillen haben sich eben vergrößert, ein unmissverständliches Signal ihres plötzlich erhöhten Interesses an ihm, und sie denkt: «Was für ein Gentleman ...»

Und schon hat er sich vom Rest der Anwärter abgehoben. Dass Weißweine fast immer Chardonnays sind und fast immer nach Zitrone, Pampelmuse und Honig riechen, muss er ihr nicht unmittelbar verraten. Später, vielleicht, nach dem wunderbaren Sex.

Da wir beim Sex sind, sollten wir uns einem der wichtigsten Punkte überhaupt widmen, damit sich die Flirtkultur in Deutschland nachhaltig entwickeln kann: der Entritzung des deutschen Bettes. Imperativ. Damit man sich endlich auf der ganzen Breite des Bettes bewegen kann, ohne diese bescheuerte Besucherritze überbrücken zu müssen, den Sex zu unterbrechen und den Pass vorzuzeigen. Diese Initiative ließe sich sehr schön mit einem kulturellen Event verbinden. Eine beispiellose Performance, bei der bundesweit alle deutschen Betten mit zwei Matratzen am selben Tag aus dem Fenster fliegen und auf der Straße landen würden. Das würde Deutschland richtig sexy machen – weltweite Berichterstattung garantiert. Nach der Genehmigung der zuständigen Behörde würde ich allerdings nicht notwendigerweise fragen, sonst – siehe oben. Ein bisschen Aktionismus muss sein, und dies ist gleichzeitig eine weitere Übung zur Auflockerung neben dem Bei-Rot-die-Straße-Überqueren.

Last but not least, das offizielle Verbot und die Abschaffung des Wortes «Geschlechtsverkehr», das Unwort des Jahrhunderts. Mit schweren Geldstrafen verknüpft. Selbe Maßnahme für die Worte «Häh», «Huch», «Was will der von mir?» und «Duuuuu». «Pferde stehlen» auch.

Mir ist bewusst, welche psychologische Gewalt diese Maßnahmen dem deutschen Mann und der deutschen Frau abverlangen. Aber nur zu diesem Preis kann sich eine Flirtkultur verbreiten, die, irgendwann, eines Tages, a) sich auf die Demographie der Bundesrepublik niederschlagen wird, b) auf die deutsch-französische Liebe hinauslaufen kann.

Diese Strukturanpassungen sind notwendig, aber nicht ausreichend. Sie können nur wirken, wenn der deutsche Mann und die deutsche Frau ebenfalls ihre innere Einstellung gegenüber dem Flirten ändern und endlich verstehen, dass Flirten ein

Spiel ist. Es ist letztlich egal, wo man sich befindet. Sei es auf einer Party, in der Bäckerei, in einer Bar, bei Freunden, auf dem Markt, im Zug, man muss innerlich einfach so eingestellt sein, dass man Freude, Energie und Lust am Kennenlernen hat. Ich gebe zu, das ist stimmungsabhängig.

Flirten, ohne aufdringlich zu sein, das ist die wahre Kunst. Viele Männer, die Mehrheit, haben das Problem, dass sie nicht flirty genug sind aus Furcht, von der Begehrten abgewiesen zu werden. Der andere Teil des männlichen Geschlechts verhält sich umgekehrt, ist viel zu aufdringlich und gar nicht flirty. Frauen ordnen diese Typen in die Kategorie *boulet* ein, hierzulande Klotz am Bein genannt. Sie fliegen schnell raus. Denjenigen, die den Mittelweg beherrschen, öffnet sich langsam die verschlossene Tür der begehrten Dame.

Es gibt auf dem Buchmarkt zahlreiche Ratgeber für Männer, die uns belehren, wie man ein Frau erfolgreich anflirten und ins Bett kriegen kann. Diese Ratgeber kommen aus den USA, und jeder kennt die Namen der großen «Pick-up Artists», die zahlreiche schöne Frauen erfolgreich verführt haben, obwohl sie weder das Aussehen noch den Ruhm eines George Clooney besitzen.

Ob dahinter eine zynische Haltung gegenüber Frauen steckt? Glaube ich nicht. Vielmehr helfen diese Bücher den Männern, sich in einen Zustand zu versetzen, in dem sie ihre Angst überwinden können, eine Frau anzusprechen. Und wie man damit klarkommt, abgewiesen zu werden. Und vor allem, dass es dazu gehört und dass man trotzdem weiter flirten sollte. Allein deshalb finde ich diese Ratgeber gut, auch wenn es der größte Fehler wäre zu glauben, man bräuchte nur eins zu eins anzuwenden, was im Buch steht, um die Frau seiner Träume zu erobern.

Erste Flirtregel: Es gibt keine Regel. Wie der großartige von Will Smith gespielte Dr. Date im Film *Hitch* sagt: «Basic principles: ... There are none.» Zweite Flirtregel: den Flirt als angenehmen Moment gestalten. Ein bisschen Freundlichkeit. Ein Flirt ist kein Vorstellungsgespräch. Loslegen. Die liebe deutsche Frau schmeißt ihre unförmigen Jeans weg, die sie trägt, weil sie bequem sind. Und sie steht endlich mal zu ihrer Brust und ihrem Po. Auf das Risiko, oberflächlich zu wirken. Et *alors?* Scheiß drauf. Du darfst gerne oberflächlich wirken, *chérie.* Und wenn ihr das schwerfällt, dann kann vielleicht der schöne Aphorismus von Serge Gainsbourg helfen: *La connerie, c'est la décontraction de l'intélligence* – Blöd sein ist, wenn sich die Intelligenz entspannt.

Also, wie gesagt, nicht zu viel nachdenken. Und wenn der Typ die siebenundvierzig Kriterien, die ihr im Kopf habt, nicht erfüllt, sondern nur sechsundvierzig, eventuell ihm noch eine Chance geben. Und für alle Demoiselles ganz wichtig: «Was will der von mir?» ist streng verboten. «Der will etwas von mir!» auch.

Nun, werte Leserinnen und Leser, ich glaube es ist Zeit, mich zu verabschieden. Mehr habe ich auch nicht zu sagen, was die deutsche Madame bzw. den deutschen Monsieur angeht.

Aber ich beende dieses Buch nicht, ohne eine erfreuliche Nachricht zu verkünden.

Es gibt ein Happy End.

Doch.

Die deutsch-französische Liebe.

Sie existiert.

Ich bin ihr begegnet.

Auf einer Geburtstagsparty, auf die ich eigentlich gar keinen Bock hatte, wie man auf gut Deutsch sagt. Ich war einfach schlecht drauf. Ich wollte nur hallo sagen, mein kleines Geschenk abgeben, Sekt ablehnen und wieder gehen.

An diesem Abend traf ich zwei Französinnen. Wir sprachen viel, tauschten Eindrücke, Klischees über Deutschland und Telefonnummern. Nach zwei Stunden und einigen Bieren fühlte ich mich besser. Während unseres franco-französischen Gipfels hatte ich eine langhaarige blonde Silhouette beobachtet, groß und schlank, ganz in Schwarz gekleidet, die mit einer anderen Frau tanzte, die sie ab und zu küsste. Schön. Schwarz und blond passen perfekt zueinander. Ich sprach weiter mit meinen beiden Landsfrauen, und die Blondine in Schwarz verschwand aus meinem Augenradius. Als ich mir noch ein Bier holen wollte, sah ich sie alleine auf einer Polsterbank sitzen.

Fatum. Schicksal.

Alles andere kann warten.

Ich setzte mich neben sie.

«Du siehst wie eine RAF-Terroristin aus», sagte ich.

Sie war offenbar überrascht. Sie zögerte kurz und dann: «Ich habe schon viele skurrile Anmachen gehört, aber diese ...»

«Das ist keine Anmache, das ist die Wahrheit», unterbrach ich sie.

«Die Wahrheit?»

«Definitiv. Mit dem Kajal unter deinen Augen siehst du aus wie ... Weißt du, die da ... Die Freundin von Baader in dem Film ...»

Sie sah der Schauspielerin ähnlich, die Gudrun Ensslin spielte: Johanna Wokalek. Beides Namen, die mir an diesem Abend natürlich nicht auf die Zunge kamen. Dafür wusste meine Schönheit, wen ich meinte.

«Ah, Gudrun Ensslin.»

«Genau! Heißt du Gudrun?»

«Nein, Ann-Charlotte.»

«Schöner Name. Ich heiße Alain.»

«Hi.»

«Wollte dein Papa dich Ann nennen, und deine Mama dich Charlotte?»

«Überhaupt nicht.»

«Sondern?»

«Das sind die zwei Namen meiner Großmütter.»

«Cool. Ich würde in dem Fall Emile-Alfred heißen.»

Sie lachte.

«Warum steht so eine schöne Frau wie du auf Frauen?»

«Wie kommst du darauf?»

«Die Dame, die du vorhin geküsst hast?»

«Nein, nur eine Freundin», antwortete sie gelassen.

«Küssen Frauen anders als Männer?»

«Allerdings», lächelte sie verschmitzt.

«Besser?»

«Frauen küssen immer gut», sagte sie geheimnisvoll.

«Männer nicht?»

«Da kann man ganz böse Überraschungen erleben.»

«Aber auch sehr gute», sagte ich.

Danach hat es mehrere Wochen gedauert, bis ich sie überzeugen durfte, dass nicht nur Frauen gut küssen.

Ihr Bett hatte keine Besucherritze.

Sie trug schöne Unterwäsche.

Während des Sex wollte sie sich nicht die Zähne putzen.

Ich durfte sie ins Restaurant einladen.

Sie mich auch.

Sie hat mich nicht gefragt, ob ich treu oder tierlieb bin.

Sie wollte als Frau wahrgenommen werden, nicht als Person.

So begann die deutsch-französische Liebe.

Ein Jahr. Danach, wie es im Chanson heißt: *Les histoires d'amour finissent mal, en général.* Das ist aber universell.

Dank

An allererster Stelle möchte ich mich bei meinem deutschen Dream-Team bedanken. Ohne Simone, Şusi, Caroline-Lucie, Malin, Jochen und Uli hätte dieses Buch einfach nicht existieren können. Ihre Ideen und Gedanken haben dieses Buch genährt, sie waren seit der ersten Stunde dabei und haben mich stets unterstützt, als ich nur noch alles wegschmeißen wollte. Es war mein Glück, ihnen zu begegnen.

Aber auch viele Freundinnen und Freunde in Deutschland und Frankreich standen mir während dieses Projekts zur Seite, sei es mit Rat, Übersetzungen, Diskussionen oder einfach mit wohlwollenden Worten. Dafür möchte ich mich bei Nils, Cerstin, Josefine, Barbara, Gero, Parvin, Christian, Uli, Clément, Guillaume, Patrick, Marie, Emilie, Francesco, Katharina, Meike, Markus, Hülya, Clara, Susanne, Jens, Haug, Birgit, Josef, Alex, Anne-Catherine und Janni bedanken.

Zwei Personen möchte ich noch erwähnen.

Julia, meine Lektorin. Es war das erste Mal, dass sie mit einem französischen Autor arbeiten musste. Sie hatte viele Vorurteile gegenüber Franzosen; ich habe sie alle bestätigt. Sie hat dank ihrer hanseatischen Sozialisierung nie die Geduld oder die Fassung verloren – oder hat sich davon nie etwas anmerken lassen. Sie wird sicherlich nie wieder mit mir arbeiten wollen – ich dagegen würde es sofort. Julia, *merci*.

Und last but not least, Ditta. Ihr ist die Idee überhaupt zu verdanken, ein Buch über die deutschen Frauen aus Sicht eines Franzosen zu schreiben. Das hatte ich eigentlich gar nicht vor. Vielleicht wäre es auch besser so gewesen – das ist aber dann allein meine Schuld. *Merci à toi*, Ditta.